Celebrare
chi siamo veramente

Celebrare
chi siamo veramente

Pubblicazione Delle Trascrizioni Di
Seminari Della Via Senza Testa

RICHARD LANG

Traduzione
Ma Prem Shanti M.L. Costantini

The Shollond Trust
Londra

Pubblicato da The Shollond Trust
87B Cazenove Road, Londra, N16 6BB, Inghilterra
www.headless.org
headexchange@gn.apc.org

The Shollond Trust è una Charity Trust, reg. N° 1059551

ISBN 978-1-908774-63-7

Illustrazioni di Victor Lunn-Rockliffe
Traduzione: Ma Prem Shanti M.L. Costantini
Disegno in copertina di rangsgraphics.com
Disegni all'interno di Richard Lang

A Joy e Dale

Indice

Introduzione

Tra il 2011 e il 2015 Dale Shimizu registrò dieci dei miei seminari. Agli inizi del 2016 Dale mi spedì i file audio, suggerendomi che c'erano molte domande, risposte e interazioni che potevano essere di valore per le persone interessate a vedere chi realmente siamo. Iniziai ad ascoltarli e realizzai che aveva ragione. Così trascrissi e pubblicai le registrazioni, unendole sotto forma di un seminario—questo libro.

Durante la lettura sarete guidati attraverso gli esperimenti della Via Senza Testa—essi indicano direttamente il Vostro Vero Sé. Spero che la vostra percezione sia quella di stare partecipando a un seminario, esplorando con altri l'esperienza e il significato di chi voi siete veramente. Vedrete come persone diverse reagiscono a questa esperienza neutrale, non verbale in una varietà di modi—da un estremo all'altro!

Oltre a guidare la nostra attenzione verso il Vero Sé, un seminario mantiene l'esperienza in primo piano. Se volete rimanere svegli a chi siete veramente, non c'è niente di meglio del passare il Vostro tempo con gli altri, i quali, anche loro, stanno vedendo. È altamente contagioso. Spero che questo libro vi contagi!

La Via Senza Testa è stata sviluppata dal Filosofo inglese Douglas Harding (1909–2007). Subito dopo aver incontrato Douglas nel 1970 (avevo 17 anni) mi resi conto che volevo essere di aiuto nel condividere la Visione con il mondo. Benché non avessi molta esperienza di altri percorsi spirituali, potevo vedere che la Via Senza Testa era diretta ed efficace in modo stupefacente. Era speciale, un nuovo sviluppo, un passo avanti in termini di rendere più veloce e facilmente disponibile l'esperienza del nostro Vero Sé. Douglas si fece molti amici che apprezzavano la semplicità e l'efficacia dei suoi 'esperimenti', una comunità non strutturata di amici dove il Vedere era naturale e normale. Gradualmente, man mano che il Vedere diventava sempre più largamente conosciuto, anche la comunità crebbe. Se avete voglia di amici che danno valore al loro Vero Sé, essi sono là. Sta a voi contattarli.

Riguardando il lavoro di Douglas Harding vedo che il modo che aveva di comunicare il vedere evolveva col passare degli anni — per esempio, lo sviluppo degli esperimenti alla fine degli anni 60, inizi anni '70, ebbe un cambiamento importante nel suo stile di presentazione. Mentre continuo il lavoro di indicare il mio Vero Sé usando gli esperimenti, vedo che il mio stesso stile si evolve. Per esempio, ero solito pensare, in modo infantile, che essere consapevole del mio Vero Sé comportasse il dissolversi del mio senso di separazione—della fonte di gran parte se non di tutta la mia sofferenza. Ma sono giunto a vedere che non solo questa sensazione di essere separato non se ne andava via, ma che essa era una grande benedizione. Questa profonda consapevolezza del valore di entrambi i lati della nostra identità, sia il sé che il Sé, trova riscontro in questo libro.

Nel corso di questi ultimi anni, sono anche diventato più consapevole dell'importanza del potere di essere in grado di comunicare questa Realtà agli altri. Come vedrete, in un seminario, io invito i partecipanti a condividere reciprocamente la loro esperienza riguardante il loro Vero Sé. Questo riconoscimento della nostra Comune Identità è una cosa bella e profondamente rispettosa da fare e un atto d'amore. In effetti non posso pensare a nessun'altra forma di rispetto maggiore che io possa offrire a un'altra persona se non il riconoscimento di chi realmente è.

Nella sua grande opera The Hierarchy of Heaven & Earth, Douglas Harding aveva suggerito, con la sua caratteristica modestia, che la mappa del nostro posto nell'universo, presentata in quel libro, non era altro che una bozza, e aveva invitato altri a completare quella bozza attraverso una ricerca dettagliata. Quel libro è così pieno di fantastici dettagli che quando lo lessi per la prima volta mi domandai che cosa voleva dire con ulteriore ricerca. Ma nei suoi libri successivi Harding effettuò una parte di quella ricerca— osservando come il Vedere funziona rispetto a varie aree della vita. Per esempio, il suo articolo The Face Game (e il suo libro che porta lo stesso titolo) esplora il contributo che il Vedere dà all'Analisi

Transazionale. Come scoprirete in questo libro, ho continuato a modo mio ad esplorare gli effetti del Vedere, in particolare l'idea di Harding dei quattro principali stadi di sviluppo personale—il neonato, il bambino, l'adulto e il vedente.

Ma ho detto abbastanza a titolo di introduzione. Ora voglio invitarvi ad unirvi al seminario. Saltate dentro. Concedetevi questa avventura!

Richard Lang

Capitolo 1
Direttamente all'Esperienza

Richard: È a questo punto che realizzo di non aver pensato per niente a questo seminario!

Sarah: Bene. Rimarrai sorpreso anche tu.

Richard: Si, lo sono! D'accordo, questo seminario riguarda chi realmente, realmente siamo—riguarda il vedere chi realmente siamo e un poco riguarda la comprensione di chi realmente siamo, ma la comprensione sarà diversa per ognuno di noi.

Probabilmente la maggior parte di voi ha sentito parlare del Vero Sé in un modo o nell'altro. Questo seminario costituisce un approccio moderno alla domanda 'Chi sono io?' Darete una nuova occhiata a voi stessi. Vedrete l'uno seduto sulla vostra sedia—dal Vostro punto di vista. Siete in possesso di tutte le informazioni di cui avete bisogno perché il soggetto dell'investigazione sta sulla vostra sedia! Desidero che notiate qualcosa di molto semplice e ovvio che vi riguarda—non potete vedere la vostra stessa faccia. Qualcuno può vedere la propria faccia? Io no. C'è una faccia che non vedo in questo gruppo ed è quella di Richard. C'è una faccia che voi non potete vedere in questo gruppo ed è la vostra.

Iniziamo dal punto di vista visivo—notando che non potete vedere la vostra faccia. Stiamo portando la nostra attenzione a questo semplice fatto. È così semplice che non potete sbagliarvi. L'intera giornata riguarda il portare la nostra attenzione a questa prospettiva—a ciò che siamo dal nostro punto di vista. Oggi sono qui in veste di amico, per condividere con voi questa esperienza di chi siamo ed esplorare le nostre differenti reazioni rispetto a questo.

Stendete le vostre mani di fronte a voi in questo modo. Potete vedere le vostre mani e dietro di esse la stanza.

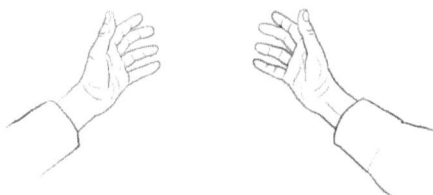

Portate le vostre mani lentamente verso di voi. Le vostre mani diventano più grandi.

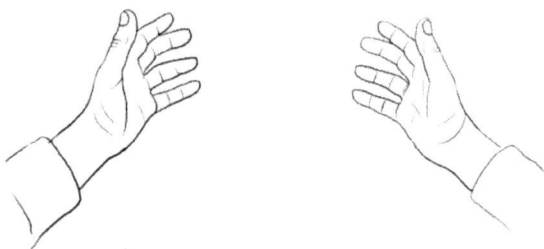

Spostatele indietro da entrambi i lati della vostra testa. Le vostre dita spariscono, poi spariscono le vostre mani fino ai vostri polsi.

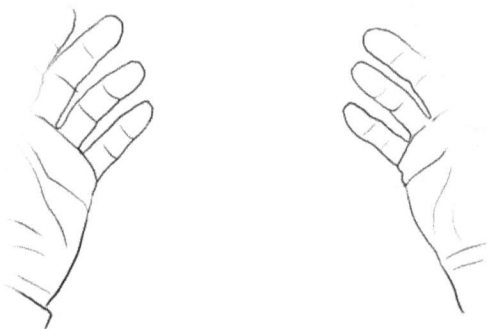

Ora portate le vostre mani in avanti in modo che le possiate vedere di nuovo. Esse escono dal 'nulla'. Io lo chiamo Grande Vuoto, la Vacuità in cui ogni cosa sta accadendo, il Silenzio in cui stanno nascendo tutti i suoni. Voi potete chiamarlo come volete. Principalmente esso significa il mondo rispetto a me, benché talvolta non signifIchi assolutamente nulla! Oggi non ha nessun particolare significato, riguarda l'esplorare le nostre uniche reazioni rispetto a questa esperienza. Non potete sbagliarvi. Non è possibile che facciate questa esperienza e abbiate una reazione sbagliata.

Facciamolo di nuovo. Questa è meditazione. Non è qualcosa che dovete imparare. Non è qualcosa che vedete una volta e poi ci pensate semplicemente su o la ricordate, è qualcosa alla quale continuate a portare attenzione. Continuate a vederla per conto Vostro. Questo significa rimanere fedeli al Vostro punto di vista rispetto a voi, il punto di vista della Prima Persona. La vostra visione di voi sarà differente dall'immagine che tutti gli altri hanno di voi.

Muovete nuovamente le mani all'indietro da entrambi i lati della vostra testa. Le vostre mani diventano enormi e poi, senza alcun dolore, si dissolvono nel nulla. State indirizzando la vostra attenzione nel posto dal quale guardate fuori. State guardando come se fosse la prima volta questo posto segreto. Quant'è luminoso, vuoto e spazioso. Quant'è immobile e tranquillo. Ora portate le vostre mani in avanti—magicamente esse emergono dal Nulla, fuori da questa misteriosa Consapevolezza. Questa è la cosa più ovvia al mondo. Non si può avere niente di più ovvio di questo.

Dale: La prima volta che ho fatto quell'esperimento, forse dieci anni fa—penso che fosse nel libro di Douglas che avevo sentito parlarne—ci fu un cambiamento immediato. Percepii di aver indossato la Consapevolezza. All'improvviso tutto ciò che era sullo sfondo fu portato in primo piano. Innegabile.

Richard: Sì. Indossare la Consapevolezza chiara e senza confine. Allungate nuovamente le vostre mani di fronte a voi e guardate lo spazio tra le due mani. È un piccolo spazio. Mentre portate le mani verso di voi lo spazio tra le vostre mani diventa sempre più grande fino al momento prima che si dissolvano nel Vuoto. Lo spazio ora è grande tanto quanto la stanza. Vero? Sì. E quando mettete le vostre mani esattamente dentro il Vuoto, allora il confine se ne va e lo Spazio si estende all'infinito. Infinitamente ampio.

Si tratta di un'esperienza non verbale. Non necessariamente ha un significato. È anche un'esperienza non-emozionale. Non si tratta di sentirsi bene o male. Ognuno di voi avrà una reazione diversa da me. Splendido! Non c'è una reazione giusta, un giusto pensiero o una giusta comprensione o un giusto sentire. È un'esperienza neutra. Da un lato ciò non appare molto attraente, ma dall'altro lato, a mio avviso, penso che potremmo scoprire che si tratti di un'esperienza molto forte. Essa non dipende da ciò che percepite.

Non dovete credere a niente di ciò che dico. Voi siete l'autorità rispetto a voi. Dobbiamo usare le parole per comunicare ma le parole non sono quella cosa. Potrei chiamarla il Vuoto, il Grande Spazio, la Vacuità, il Vero Sé, l'Apertura, questa Chiarezza, Immobilità, il posto dal quale guardo fuori, la mia Non-faccia, la mia Non-testa… Poiché abbiamo fatto l'esperienza, poiché non ci possiamo sbagliare, siamo liberi di usare parole diverse—non abbiamo la necessità di rimanere attaccati a nessun modo per descriverla

Quanto vi ci vuole per notare che non potete vedere la vostra faccia? Con quale velocità potete tornare a Casa? Avete mai visto le pubblicità delle auto che vi dicono qual è il tempo di accelerazione da 0 a 100 km/h? Naturalmente, più veloce è meglio è. La Via Senza Testa è come una macchina veloce! È un Cammino Spirituale accelerato. Mettete le vostre mani nel Vuoto. Non ci vuole molto tempo, vero? Gli esperimenti sono una scoperta. La Via Senza Testa è unica—ha degli esperimenti che gli altri percorsi spirituali non usano. Facciamo pagare caro il loro utilizzo—tutti gli esperimenti sono brevettati. Sto scherzando!

Iniziamo dal punto di vista visivo ma approfondiremo l'argomento anche nel contesto degli altri sensi, come ciò si collega ai pensieri e alle sensazioni, come si manifesta nelle nostre vite, come fare in modo che si mantenga e cose di questo tipo. Abbiamo a disposizione l'intera giornata. Daremo un po' più di spazio agli esperimenti visivi—è un buon punto per iniziare perché è facile comunicare chi realmente siamo usando il vedere.

Sin dall'inizio potete essere consapevoli di qualcosa che deriva da questa osservazione—dato che non vedete la vostra faccia, che cosa vedete invece?

David: Tutte le facce intorno a te.

Richard: Sì. Noi lo chiamiamo 'scambiarci le facce'. Tu ora hai la faccia di Richard e io ho la tua. Ogniqualvolta tu guardi qualcuno prendi la sua faccia e dai loro la tua. Senza sforzo. Persino senza dover comprendere nulla. Accade semplicemente così. Sei stato creato Aperto rispetto agli altri. Spalancato, trasparente, in un modo completamente sicuro. È una cosa non-verbale e ovvia. Non hai bisogno di comprendere nulla per vederlo, vero? No. Non devi sentire niente di particolare per vederlo. È incredibile. È fantastico.

Dale: Ciò che apprezzo di più di questo particolare approccio è l'immediatezza del riconoscimento. Iniziare il viaggio da quel posto che è un Non-posto è essenziale perché la confusione che proviene dall'essere identificati come un vedente e così via è completamente dissipata proprio dall'immediatezza del vederlo con i propri occhi. L'indicare non verbale è meraviglioso. Poi l'indagine decostruttiva e qualsiasi altra cosa sentiate dopo ha senso. Ma quando non avete l'esperienza diretta, questa cosa rimarrà là fuori e sarà solo un pensiero. Non penetra nel centro.

Richard: Grazie. Continueremo a parlare di questo durante tutta la giornata. Faremo un sacco di cose sperimentali e spero vi sentiate i benvenuti nel condividere le vostre reazioni mentre andiamo avanti perché è stimolante per ognuno di voi sentire le reazioni di diverse persone. L'Uno ama sentire se stesso parlare con molte voci. Ci saranno molte opportunità di condividere durante la giornata man mano che andiamo avanti. Come dico, ognuno avrà una reazione diversa. Me ne rallegro. Non siamo qui per essere tutti d'accordo. Leviamoci di mezzo!

Anne: Questo mi piace.

Richard: Specialmente con me—non dovete essere d'accordo con me! Quello per cui principalmente siamo qui è stare con ciò che significa essere se stessi. Non potete sbagliarvi. Siete nella posizione perfetta per vedere che cosa siete al Centro.

Questo approccio è sperimentale, moderno, semplice e diretto. E il miglior atteggiamento rispetto a questo durante questo seminario è essere mentalmente aperti. Rilassatevi il più possibile e siate mentalmente aperti e curiosi.

Come abbiamo detto, oggi io vi incoraggerò ad usare le vostre voci, per affermare pubblicamente la vostra osservazione di chi siete realmente. La Consapevolezza di chi realmente siete cresce quando la portiamo in primo piano e la esprimiamo in modo articolato. Proprio in questo momento, vedete la vostra faccia?

Michael: No!

Richard: Vedi invece quella di qualcun altro?

Michael: Sì!

Richard: Non ti chiedo di dire niente che non sia vero. Se non è vero per te, non dirlo. Ovviamente gli altri possono vedere la tua faccia e tu puoi vederla nello specchio, e puoi immaginarla, ma non puoi vederla nel tuo Centro. Io non posso vedere la mia qui nel mio Centro. Questa è una cosa ovvia, non è vero? Incredibilmente ovvia. Non iniziamo con una teoria difficile e mistica. Stiamo facendo qualcosa che potrebbe fare un bambino di cinque anni.

Ovviamente potete vedere il Vostro naso. Se chiudete un occhio il Vostro naso appare piuttosto grande—infatti avete il naso più grande in questa stanza! Esso va dal soffitto al pavimento. Ma non è attaccato a nulla. Emerge dal nulla.

Se, a questo punto, qualcuno sta pensando, 'Oh mio Dio, dove diavolo andremo a finire oggi?'—è molto semplice. Stiamo osservando che com'è essere noi stessi. Stiamo notando la differenza tra la nostra identità pubblica che è come noi appariamo agli altri, e la nostra identità privata che è come noi siamo per noi stessi. Solo voi potete vedere cosa siete per voi stessi. È una cosa segreta. Una delle ragioni per cui potrei sottovalutare il mio Vero Sé è perché nessun altro può vederlo. Penso che devo essermi sbagliato e che tutti gli altri devono aver ragione perché io sono l'unico che vede l'assenza della mia faccia. Tutti gli altri mi dicono che qui io ho una faccia. Siete in venti in questa stanza e io sono uno per cui non rientro nel conteggio. A dissuadermi è la realtà riguardante l'assenza della mia faccia. Ma ora voglio chiarire le cose una volta per tutte. Voi avete ragione da là, per voi devo avere una faccia—e io ho ragione da qui, non ne ho una per quanto mi riguarda. Questa differenza tra la vostra identità privata e la vostra identità pubblica è incredibile. Guardando fuori dalla mia Non-faccia io assumo le vostre facce, prendo a mio carico il mondo—sono Spazio per il mondo intero!

Lasciatemi mettere in chiaro sin dall'inizio che vedere chi realmente siete non è necessariamente un'esperienza da 'wow'. Si tratta semplicemente di prestare attenzione a com'è essere voi stessi, qualsiasi cosa stiate provando. Se non state avendo un'esperienza da 'wow' va bene, state comunque vedendo chi realmente siete.

Joy: Mi sto definitivamente perdendo qualcosa.

Richard: Non penso. Sei in grado di vedere la tua faccia?

Joy: No.

Richard: Tutto qui. Come ho detto, stiamo distinguendo tra quella semplice osservazione e come reagiamo ad essa o che cosa significa per noi. Tu hai fatto l'esperienza ma quello che significa per te sarà diverso da quello che significa per me o per Dale o per qualcun'altro. Potrebbe anche non significare niente per te. Pertanto distinguiamo tra le nostre reazioni e l'esperienza. L'idea del seminario è l'approccio a questa esperienza da diverse angolazioni, non solamente quella visiva ma anche quella non-visiva, continuando ad occuparci di questo per l'intera giornata e vedere che cosa significa per noi—se significa qualcosa. Ma ti assicuro che l'esperienza l'hai avuta perché non puoi vedere la tua faccia. Se mi guardi ora, che faccia vedi?

Joy: La tua.

Richard: Sì. Dunque diciamo che siamo 'faccia-a-Non-faccia'. È vero? Sì. Pertanto ora hai la faccia di Richard e non quella di Joy, sì? Questo è veramente bello, non è vero?

Dale: Non so se Joy si ricorda—una volta ebbi un'esperienza potente di faccia-a-Non-faccia. Stavo guardando nello specchio e improvvisamente ebbi la profonda esperienza del fatto che non c'era nessuna testa qui e che c'era una faccia là. Ciò risultava realmente stabile. Poi notai le caratteristiche di quello nello specchio in un modo veramente dettagliato. In seguito mi scusai con Joy dicendo, 'Mi dispiace che tu debba vedere quello perché io non lo vedo!' Io provo empatia per lei. Ottengo la parte migliore dello scambio!

Richard: Sì, come quella filastrocca attribuita a Woodrow Wilson:

> Come bellezza non sono una stella–
> Ce ne sono altri di gran lunga più belli—
> Ma della mia faccia non me ne importa,
> Perché io sono dietro ad essa:
> Sono quelli di fronte che se la prendono.

Andrò ad analizzare questa esperienza in vari contesti. Per prima cosa, prendete in considerazione quello che dicono le grandi tradizioni spirituali. Quando fate affiorare la loro essenza, esse dicono una sola cosa, e cioè che proprio là dove voi siete c'è un miracolo. Questo Miracolo non è mai nato e non morirà. Ogni cosa viene e va ad eccezione di questo Miracolo, il Miracolo dell'Essere—il Miracolo dell'Unico Sé. I grandi mistici affermano che voi siete quell'Unico Sé, quell'Unico Sé, quel Miracolo—dentro di voi c'è il Regno dei Cieli, Dio, il Solo. Che affermazione stupefacente! Oggi in questo seminario andremo a testare questa affermazione. I grandi mistici dicono che la maggior parte delle persone non sono consapevoli di chi realmente sono. Essi dicono che è incredibile che le persone non ne siano consapevoli perché è così ovvio—dovete essere ubriachi per non vederlo. Ma se lo vedete, e se vivete consapevolmente da ciò che siete realmente, è un cambiamento di vita. Quella è la promessa. Sta ad ognuno di noi testare quell'affermazione, quella promessa.

Capitolo 2

Sbucciare la Cipolla

Richard: Ecco un modello disegnato personalmente da Douglas Harding negli anni '70—lo Youniverse Explorer. (Douglas Harding elaborò la filosofia della Via Senza Testa e inventò gli esperimenti.) Questo modello indica che ciò che siete dipende dal punto di osservazione di colui che vi sta guardando.

Voi mi state guardando da diversi metri di distanza per cui qui voi vedete una persona, ma se vi avvicinaste a me con gli strumenti giusti perdereste di vista il mio aspetto umano e al suo posto trovereste un lembo di pelle e poi cellule. Se arrivaste alle mie cellule poi trovereste molecole. È come sbucciare una cipolla. Se vi capitasse di arrivare alle mie molecole—io sparirei velocemente ora! —trovereste particelle. Vi state muovendo verso il Nulla nel mio Centro. Voi ci potete arrivare molto vicino ma non potete mai raggiungermi proprio a zero distanza da me e vedere che cosa sono qui. Ma io sono qui e vedo che sono un Nulla.

Se invece vi allontanaste da me, alla fine vedreste Levittown, poi l'America, poi il pianeta e le stelle. Questi sono tutti aspetti miei e vostri. È meraviglioso. Sono strati del nostro corpo. Noi necessitiamo di ognuno di questi strati per sederci qui e respirare.

Io ho bisogno dei miei polmoni, ho bisogno delle cellule per dar vita ai miei polmoni e delle molecole per dar vita alle mie cellule. Ho anche bisogno dell'atmosfera, della luce del sole... È un Sistema di vita meraviglioso. Funziona. Ciò è quello che siete. Strabiliante, Si tratta di un nuovo modo per apprezzare sé stessi. Abbiamo bisogno di unirci alla scienza, a ciò che essa dice di noi.

Non solo la scienza riflette questo nostro corpo multistrato, anche noi ci identifichiamo con molti di questi strati. Io mi identifico con l'essere Richard, con l'essere inglese, europeo, con l'essere planetario —fortunatamente, talvolta, mi identifico con il mio pianeta. Poi mi espando fino a percepire la mia stella. Se fossimo attaccati da un'altra stella—se scoppiasse una Guerra Stellare—la nostra stella sarebbe minacciata. Io mi sentirei in pericolo. Poi, nel momento in cui mi identifico per caso con la mia squadra di calcio—mi contraggo. Un attimo mi preoccupo del mio sistema solare, un attimo dopo penso al goal che abbiamo mancato. Poi mi preoccupo del mio ginocchio che mi fa male, poi della situazione economica! Ci espandiamo e ci contraiamo continuamente.

Le immagini nella parte esterna degli strati del modello rappresentano ciò che gli altri vedono di voi da varie distanze. Le immagini nel lato interno rappresentano il vostro punto di vista partendo dalla vostra Vacuità centrale. Quando guardate fuori solo a una piccola distanza allora vedete il vostro naso e il resto del vostro corpo senza testa. Se guardate più in là vedete altre persone. Se guardate ancora oltre vedete edifici, nuvole, poi la Luna, le stelle, le galassie. La visione fuori dal vostro Centro Vuoto è stratificata come la visione dentro. Quindi, quando dico che sto guardando dentro nel mio Centro, intendo dire il Centro di tutti questi strati. Questo modello posiziona l'esperienza della vostra Vacuità centrale nel contesto del vostro meraviglioso corpo-mente multilivello. Noi non ci siamo ancora realmente risvegliati al nostro corpo-mente multilivello. Lo conosciamo a pezzetti e ci pensiamo come una piccola parte, ma ora, guardando questo modello, possiamo capire che si tratta di un organismo vivente.

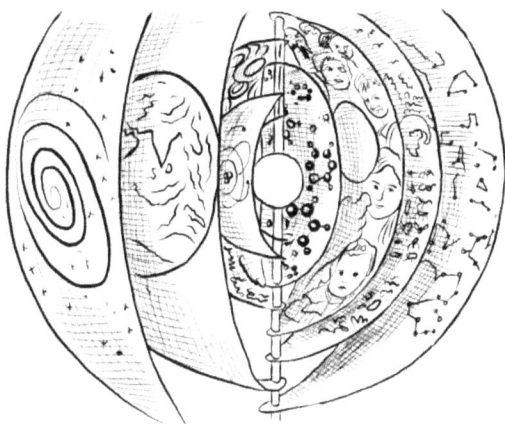

La principale domanda che andremo a porci oggi è, 'Chi o che cosa c'è al Centro di tutti questi strati?' Gli altri vi possono dire come appare il vostro corpo a queste varie distanze—il vostro bellissimo corpo—ma nessuno può dirvi che cosa siete al Centro di tutti questi strati eccetto voi stessi perché solo voi siete là. La sfera trasparente al centro del modello rappresenta voi a una distanza zero. Lo scopo dei nostri esperimenti è quello di dirigere la vostra attenzione al Centro di tutti i vostri strati—per osservare la Realtà al di là di tutte le vostre apparenze. I grandi mistici del mondo dicono che al Centro siete l'Uno, la Fonte, Dio. Quando guardo qui a distanza zero non trovo la mia faccia o qualcos'altro—trovo questa Trasparenza che è piena di tutto l'universo multilivello. Ora posso verificare che i mistici avevano ragione!

Spostate le vostre mani all'indietro nel posto dal quale state guardando fuori. Qui siete Vuoti e Trasparenti. Qui siete evidentemente svegli, svegli. Qui potete dire, 'Sì, IO SONO.'

Dale: Quando Richard ha introdotto questo modello, esso mi ha realmente aiutato a collegare molte cose che sto esplorando. Ovviamente la questione spirituale è, 'Chi o che cosa c'è veramente qui?' Tanto per cominciare io non stavo seguendo un cammino spirituale, il mio aspetto era la sola realtà per quanto mi riguardava. Ed era tutto quello che potevo vedere di voi. Voi siete anche questo.

Ero a conoscenza delle altre dimensioni—più mi avvicinavo e più iniziavo a scomparire. Ma, in quel momento, non conoscevo ancora questo Centro. Notavo che molte persone si preoccupano di queste dimensioni più di altre. Il biologo sembra occuparsi maggiormente dello strato cellulare, lo psicologo si occupa di più di quello umano, l'ecologista di un altro ancora. Ognuno ha la sua fetta di torta. Ma nessuno si faceva delle domande su chi c'era al Centro. Questo Uno veniva sempre trascurato da me perché non è simile a nessuno di questi nel senso che non accade mai che vada e venga, non ha nessuna forma, nessun colore. Come possiamo portare l'attenzione a questa Realtà? Ecco la ragione per cui facciamo gli esperimenti. È fantastico. Posso vedere che cosa c'è qui. È molto semplice e comunque nessuno di questi strati accade mai fuori da questo Spazio. Non ho mai fatto neanche uno di questi esperimenti fuori da questa Capacità. Questo modello è fantastico, per il modo in cui mette insieme ogni cosa. Tutto questo potete contemplarlo all'infinito.

Capitolo 3
L'Esperimento dell'Indicare

Richard: Ecco un semplice esperimento per testare ciò che i grandi maestri spirituali dicono riguardo a chi tutti noi siamo realmente al Centro, per vedere se quello che dicono è vero. Andremo ad indicare noi stessi e a osservare e vedere che cosa siamo. Davvero semplice! Prima dirigeremo la nostra attenzione a cose che sono distanti, poi a cose che sono più vicine, poi esattamente nel posto dal quale stiamo guardando verso l'esterno.

Per questo esercizio abbiamo bisogno di un dito. Avete tutti un dito? L'avete portato? Non so se l'abbiamo messo nella lista delle cose da portare!

Per prima cosa indicate il pavimento. La ragione dell'indicare è quella di dare una direzione alla vostra attenzione. Guardate quello che state indicando. Là vedete colori e forme. Si tratta di una cosa. Questo è semplice e ovvio—non avete bisogno di chiedere a nessun altro che cosa c'è là, guardate voi stessi.

Ora indicate la vostra scarpa—anch'essa è una cosa. Non dovete capire com'è stata fatta la vostra scarpa per vederla. Indicate il vostro ginocchio—si tratta ancora di una cosa.

Indicate il vostro busto. Là vedete colori e forme e forse il movimento del vostro respiro.

Ora tenete il vostro dito di fronte a voi e indicate all'indietro nel punto in cui gli altri vedono la vostra faccia. Che cosa vedete là dove state indicando?

Non vedete la vostra faccia, vero? No. State indicando un posto molto speciale, il posto dal quale state guardando fuori. Non serve che chiediate a nessun altro che cosa c'è là perché potete vederlo da soli. In effetti nessun altro ha l'autorità di dirvi che cosa c'è là perché tutti sono a diversi metri di distanza mentre voi soli siete là. Solo voi siete dal lato indicato dal vostro dito. Tutti gli altri diranno che state indicando la vostra faccia—che è ciò che essi vedono da una certa distanza. Ma voi siete dal lato del vostro dito, a distanza zero. Che cosa trovate là? Qui io non trovo nessuna faccia—nessun colore qui, nessuna forma, nessun movimento, nessun confine, nessuna età—niente.

Voi siete la vostra stessa autorità rispetto al dire che cosa c'è esattamente là dove voi siete, il posto dal quale state vivendo. Là siete piccoli o non avete confini? Io sono senza confine, immobile, silenzioso.

Dovete avere un nome per vedere questo? No. Dovete comprendere come è stato fatto? No.

Questa è un'esperienza non verbale. Potete descriverla come volete—perché avendo avuto l'esperienza possiamo usare non importa quali parole che abbiano un significato per noi. Ora, tre o quattro di voi, come la descrivereste?

Partecipanti: Niente. Frustrante. Come un riflesso. Una finestra. Trasparenza. Espansione. Mistero.

Indicare nelle due direzioni

Ora usate il dito indice dell'altra mano per indicare contemporaneamente fuori.

Quel dito sta indicando qualcosa nella stanza. Sta indicando mille colori e forme e movimento e così via. Ciò indica che questo Spazio che voi siete al Centro non è solo vuoto, è anche pieno. Vero? Sì. È uno Spazio pieno. È un vuoto-da-riempire. In questo preciso istante è riempito da questa stanza e da tutte le persone presenti in essa. È anche riempito da suoni, sensazioni e pensieri. In quella direzione verso l'esterno è pieno di vita e colori e di ogni cosa.

Questo gesto di indicare nelle due direzioni indica anche che non c'è una linea di divisione tra lo Spazio e ciò che c'è dentro lo Spazio. Non posso vedere la mia Non-testa senza vedere che cosa sta accadendo dentro di essa. Non posso vedere il Vuoto senza vedere le forme che nascono in esso. Qui al Centro c'è semplicità e vuoto, là è qualcosa di complicato, pieno di cose—e questi due diversi aspetti non sono separati.

Oggi, in diversi modi, porteremo la nostra attenzione verso il nostro Vero Sé, questo Spazio Aperto, questa Consapevolezza che è sempre piena di qualcosa. La gioia di passare la giornata insieme sta nel fatto che questa Consapevolezza sta in primo piano tutto il giorno. È la cosa più facile da vedere, ma continuare a vederla, rimanerne consapevoli—questo è ciò che stiamo facendo oggi. Oltre all'indicare questa Realtà, questo seminario riguarda il riposare in essa, celebrarla e condividere le nostre differenti reazioni. Qualche considerazione da condividere al momento?

Paul: Quando indichiamo e guardiamo, ognuno di noi vede la stessa cosa?

Richard: Quando tu indichi laggiù vedi qualche colore là?

Paul: No.

Richard: Io non vedo una forma là. Tu ne vedi una là?

Paul: No.

Richard: Dunque rispetto a questo risulta essere la stessa cosa, vero?

Paul: Corretto.

Richard: Io non vedo nessun movimento qui. Tu vedi qualche movimento là?

Paul: No.

Richard: Sembra che siamo d'accordo.

Paul: Lo siamo.

Richard: Il mio vedere nella direzione verso l'esterno si ferma a qualsiasi cosa io stia guardando, ma quando io guardo all'indietro non si ferma da nessuna parte. È così anche per te?

Paul: Sicuro.

Richard: Sembra che sia uguale qui per me e là per te. Questo gesto di indicare da due parti mostra due direzioni, dentro e fuori. La visione fuori di ognuno di noi è diversa ma la visione dentro è la stessa perché essa è un nulla. Non ha nessuna forma, nessun colore, nessun movimento...

Bill: Io ho trovato sconcertante fare l'esperimento—quando per la prima volta realizzi che sei l'unico 'tu'. Sei circondato da persone ma io sono ancora la persona che sono, io sono quello che parla per me. È sconcertante.

Richard: Riguarda il percepire di essere solo?

Bill: Sì, esattamente.

Richard: Quando pensiamo di noi stessi come i soli, diciamo, in mezzo a una folla, diciamo, potremmo sentirci tristi. Ci sentiamo separati dagli altri. Ma quando la vedete, questa Solitudine è diversa perché include gli altri, non è vero? Non è qualcosa che separa. Questo spazio, ora, contiene la faccia di ognuno di voi. Questa è una 'solitudine per inclusione' il che è diverso dalla 'solitudine per esclusione'.

Penso che se punto per punto senti che questa esperienza è sconcertante, questa è veramente una buona notizia. Significa che la stai prendendo seriamente. Là stai annuendo con la testa...

Barbara: È sbalorditivo. Vedi la stanza e ogni persona in modo veramente molto più olistico di prima. Sono entrata dentro—e mi sentivo morire stamattina—e mi sono seduta e c'erano tutte queste persone e poi tutte queste teste e questo Spazio e mi sono svegliata di soprassalto.

Richard: Vedere questo significa essere svegli. E nonostante ti possa prendere alla sprovvista ed essere una novità è anche familiare, è questo che vorresti dire?

Barbara: Sì.

Andrew: È stato sempre là. Non c'era mai stato. È molto più che familiare! È sempre là.

Brian: È sempre là ma è così facile inquinarlo e perderlo di vista.

Richard: Sì. Non ci facciamo caso. Guardiamo nella direzione sbagliata, in un certo senso.

Brian: Dovremmo tutti indietreggiare! Se indietreggiamo, esso arriva in primo piano!

Richard: C'è un Dio Romano bifronte che si chiama Giano. Una delle sue facce guarda in avanti e l'altra guarda dietro. Potreste dire che è una metafora di questo, del guardare nelle due direzioni. Voi guardate nelle due direzioni contemporaneamente—dentro verso lo Spazio e fuori verso il mondo.

Avete avuto un'esperienza non-verbale. Non potete ottenere Nulla di più di quello che avete ottenuto ora. L'esperienza è assolutamente semplice e la stessa per tutti noi. Voi non vedete la vostra testa, al suo posto vedete il mondo. È vero questo per voi?

Brian: Sì.

Richard: Sì! Questo è molto importante, dire pubblicamente che cosa sperimentate—'Sì, invece della mia testa qui io vedo il mondo.' Penso che sia importante dirlo a voce alta perché, in un modo o nell'altro, tutto il giorno affermiamo l'opposto—che siamo cose separate. Quando io dico, 'Io sono Richard', sto prendendo in considerazione il vostro punto di vista, sto dicendo 'Accetto che qui io sono quello che voi vedete che io sono da là.' Ma ora dico, 'No! Non è così questo qui. Per me io non sono Richard, io sono Spazio per il mondo!' Sto parlando dal mio punto di vista.

Non sto cercando di mettervi il prosciutto sugli occhi o convincervi di qualcosa che non sia vera. Voi siete l'autorità su ciò che significa essere voi.

Diana: Sento qualcosa qui.

Richard: D'accordo, diamo un'occhiata a questa cosa. Sii consapevole della sensazione della tua fronte. Quella sensazione ha un colore?

Diana: No.

Richard: Che larghezza ha?

Diana: Non posso dirlo.

Richard: Le sensazioni che percepisci là danno vita a qualcosa di solido, colorato, a una testa, o sono solo sensazioni nella Consapevolezza? Le mie sensazioni sono semplicemente sensazioni nella Consapevolezza. Esse non danno vita a una testa qui.

George: Io posso vedere i miei occhiali.

Richard: Guarda i tuoi occhiali. Puoi vedere la loro forma ovale. Qualsiasi cosa tu possa vedere dei tuoi occhiali, è là nella tua visione fuori. Ma puoi vedere la tua faccia dietro i tuoi occhiali?

George: No.

Richard: Lo Spazio dalla tua parte è assolutamente trasparente. Gli occhiali mettono il mondo a fuoco ma non modificano lo Spazio, e non ostruiscono la tua visione dello Spazio. Stai guardando attraverso i tuoi occhiali dallo Spazio.

George: Ho la sensazione che questa Realtà sia come essere al cinema.

Richard: Sì, e non c'è nessuno che sta guardando.

George: Cosa vuoi dire?

Richard: Quando indichiamo qui indichiamo la nostra Non-faccia. Quando indichiamo fuori con l'altra mano stiamo indicando tutte le cose nella stanza. Questo 'indicare bilaterale' indica che questa Vacuità qui presente non è solo vuota ma anche piena—del cinematografo. Lì c'è il cinematografo. Nel cinematografo puoi vedere la montatura dei tuoi occhiali—e il tuo grande naso! Ma il cinema dalla tua parte è vuoto. Non c'è nessuna persona là che sta lo sta guardando. Qualsiasi sia la tua esperienza essa sta nel cinema—i tuoi pensieri, le tue emozioni, le tue reazioni e le tue sensazioni, inclusa la sensazione della tua testa. È un cinema a multisensoriale. Ma questo lato di tutto quello è Spazio per tutto quello.

Indubbiamente vedere questo solleverà delle questioni, delle difficoltà e dei problemi per molti di noi. Tu dici, 'Sì, ma...' Fantastico! Se non sorgono difficoltà e problemi sarebbe piuttosto strano perché è un modo molto diverso di vedere voi stessi da quello del punto di vista sociale. La visione sociale è quello che altri vedono che sei—con una testa, con uno sfondo dietro a te, separato dagli altri. Ciò che stiamo facendo oggi è prendere seriamente in considerazione il nostro punto di vista.

Naturalmente la cosa importante è come applicarlo nella vostra vita. Questa è la vera prova. Essere risvegliati alla vostra Vera Natura fa differenza nella vostra vita? Per esempio, quando io vi guardo e noto che ho la vostra faccia invece della mia, realizzo che, 'La vostra faccia è mia. Non c'è nessuna distanza. Io sono fatto Aperto per voi. Si tratta di essere faccia là a Non-faccia qui. Sono assolutamente Vuoto per voi. Non c'è nulla qui sul vostro cammino.' Questo fatto ha delle implicazioni profonde riguardo al modo in cui ci relazioniamo con gli altri. Ora guardo Phil e dico, 'Tu hai la faccia di Richard invece di quella di Phil e io ho la tua faccia invece della mia.' Noi lo chiamiamo, 'scambiarsi le facce'. 'Tu sei in me, io sono te.', è un altro modo di mettere le cose. Questo è un rimedio profondo per la sensazione di essere separati, isolati, tristi. In effetti, il realizzare che tutti sono dentro di voi è amore—il vedere che siete Aperti per gli altri, che voi siete gli altri, è la base dell'amore.

Questo seminario ha lo scopo di aiutarvi vicendevolmente a mantenere questa Consapevolezza in primo piano. La cosa è contagiosa. Oggi vi state contagiando l'un l'altro con la consapevolezza di chi realmente siete.

Capitolo 4

L'Occhio Singolo

Richard: Ecco un altro esperimento visivo. Passeremo al non-visivo tra un attimo.

Notate da quanti occhi state guardando verso l'esterno. Perché ve lo chiedo? Perché se state guardando da due occhi allora siete una 'cosa' e siete separati dal resto del mondo. Siete rinchiusi dentro quella cosa solida laggiù, la vostra testa—imprigionati là dentro. Ma se vi foste sbagliati? Se non foste imprigionati? Se non foste rinchiusi là, dentro una testa, sbirciando fuori da due piccole finestrelle ma, invece, foste completamente aperti, liberi? Vale la pena di prendervi qualche minuto per vedere da cosa state guardando fuori—se siete in prigione o no! Se state commettendo un errore fondamentale riguardo a ciò che voi siete al Centro allora è probabile che il vostro errore andrà ad influenzare il vostro modo di relazionarvi con gli altri, andrà ad influenzare la vostra vita—potrebbe anche rendere l'intera vostra vita un caos!

Pertanto diamo una nuova occhiata al posto dal quale guardiamo fuori per vedere che cosa siamo. Quanti occhi vedete in base alla vostra personale esperienza? Per verificarlo stendiamo le mani verso fuori in questo modo e facciamo due fori simili a un paio di occhiali, o invece, se indossate gli occhiali, potete tenerli là fuori di fronte a voi.

Là c'è una linea di divisione tra i due fori o le due lenti e in ogni foro o lente c'è una visione diversa. Indossateli lentamente come se steste indossando degli occhiali. Guardate cosa accade alla linea di divisione. Indossateli proprio ora. Che cosa è accaduto alla linea di divisione?

Ellen: È sparita.

James: Il due diventa uno.

Richard: Sì. Questo noi lo definiamo l'Occhio Singolo. Vedo due occhi nello specchio, gli altri vedono due occhi quando mi guardano e io posso immaginarne due qui—ma qui ne vedo solo Uno. Portate le vostre mani fino al margine del campo visivo—quello che io chiamo 'la Visione'—e notate che in tutto il contorno intorno ad esso le vostre mani spariscono dentro questa Apertura, questo Occhio Singolo.

Partecipanti: Sì.

Richard: È una cosa potente ammettere pubblicamente la verità riguardo a quello che realmente siamo. Io confesso a tutti voi che ho un solo Occhio! Sto guardando fuori da un'unica Apertura, siete tutti nel mio Occhio Singolo! Naturalmente non si tratta di un 'occhio'—non ha né colore né forma. 'Occhio' è l'appellativo più adatto per esso.

Natasha è un'amica che vive a Mosca. Ha frequentato diversi seminari per cui ha fatto questo esperimento. Un giorno, mentre stava camminando per strada, un bambino che non conosceva le chiese se poteva mostrarle un trucco magico. Natasha acconsentì. Lui tirò fuori due paste che avevano la forma di ciambelle e dichiarò, 'Posso trasformare queste due in una!' 'Va bene, fammi vedere.' rispose Natasha. Potete indovinare cosa successe dopo—lui le indossò come abbiamo fatto con le nostre mani. Naturalmente Natasha sapeva cosa lui stava vedendo. Poi lui le chiese, 'Voi provare?' Così lei le indossò e naturalmente vide i due fori diventare uno. Ma lui, mentre la stava osservando, ebbe un'espressione di disappunto—'Oh, non funziona con te!' Immagino che non avesse per niente compreso la differenza tra lui mentre si era visto con un Solo Occhio e il modo in cui gli altri vedevano lui con due occhi. Forse questo fu un momento significativo nel suo sviluppo il momento in cui realizzò: 'Nessuno può vedere il mio Occhio Singolo tranne me!' Non ci vuole molto da lì per dire,' Poiché nessuno può vedere il mio Occhio Singolo tranne me, non ho un Occhio Singolo. Tutti mi dicono che ho due occhi—loro devono avere ragione e io devo avere torto. Dunque ora accetto di possedere due occhi.' Il che significa fare un passo dentro la scatola con due occhi.

Quanto grande è la visione?

Guardate due oggetti qualsiasi nella stanza. Potete comparare le loro dimensioni. Potete dire che questo è leggermente più largo di quello, e che quello è un po' più alto di quello e così via. Qualsiasi cosa nella stanza è più grande, o più piccola o più o meno uguale come dimensione a qualcos'altro. In questo senso la dimensione di un oggetto è relativa.

Ora siate consapevoli dell'Intera Visione, il vostro Unico Occhio. Quanto grande è?

Kevin: Non ha fine.

Richard: Non ha fine! Ce n'è un secondo a destra o a sinistra per poterlo confrontare, o c'è? Non potete dire che il vostro è più grande di quello di qualcun'altro perché non ne vedete nessun'altro. Non ce n'è un altro da mettere a confronto con il vostro. Il vostro Occhio non è paragonabile, dunque non potete dire quanto sia grande. Vero? Se poteste vederne un altro, allora d'accordo, potreste comparare il vostro con quello, ma non ce n'è un altro, o c'è? Avete mai avuto un'altra Visione a parte la vostra?

Ellen: Io ho solo quello!

Richard: Qualcuno può vederne un altro? Se sì, dove?

Dale: Non te lo saprei dire!

Richard: Non me lo sai dire! Puoi vedere un solo Occhio—il tuo. Le altre persone ti hanno parlato dei loro Occhi Singoli ma tu non li hai mai visti. Nel Buddismo Tibetano, nello Dzogchen, essi parlano della 'Visione'. Che cosa è 'la Visione'? La Visione è quello che state guardando! È il vostro Occhio Singolo. Poiché state guardando la Visione direttamente siete esattamente nel posto giusto per vedere che cos'è. Quanto grande è la visione?

Non dovete cercare la sua dimensione in un libro. Non dovete chiedere a qualcun altro. Essi si possono sbagliare! Guardate voi stessi. Per vedere quanto grande è la Visione, mettete le vostre mani da entrambi i lati della vostra Non-faccia—come i paraocchi per i cavalli. Potete vedere che tutto è tra le vostre grandi mani. Dentro il vostro Occhio c'è il mondo, vero? È enorme!

James: È grande tanto quanto l'universo.

Richard: Lo è, non è vero! Wow!

James: Sì, wow!

Richard: Questa mattina nel vostro gruppo di Facebook qualcuno ha postato la storia di una classe di bambini. I bambini avevano chiesto, 'Qual è la cosa più grande al mondo?' Una bambina disse il suo papà, un altro disse un elefante, ma un terzo, una bambina, disse, 'il mio occhio'. La maestra le chiese, 'Perché il tuo occhio?' Lei rispose, 'Perché il mio occhio contiene il suo papà e l'elefante e tutte le cose.' Non è strabiliante?

Nel film di Jurassic Park c'è un ragazzone. Egli si dimentica che per non essere visti da un rapace si deve stare fermi perché anche se la vista laterale del rapace non è molto buona, egli nota il movimento. Ma lui si muove! Quella fu la sua fine. Il movimento attira l'attenzione. È una cosa primordiale. Portate le vostre mani all'indietro fino al margine del vostro Occhio Singolo, fino al margine del Campo Visivo e là muovetele intorno. Il movimento delle vostre mani attira l'attenzione proprio fino al margine dove esse scompaiono. Muovetele dentro e fuori dallo Spazio. Non penso che sarete in grado di descrivere quel margine con parole adeguate, ma lo state sperimentando. Mettete da parte le vostre supposizioni riguardo a come sia quel margine e guardate come se fosse la prima volta, con l'atteggiamento di un bambino.

La visione dentro corrisponde a qualche cosa?

Guardate un oggetto di fronte a voi. Qualunque oggetto stiate osservando esso sta esattamente al centro del vostro campo visivo. Verso il bordo del campo visivo le cose diventano più vaghe e più sfumate finché raggiungete la zona in cui non potete vedere nulla. Qualcuno ieri sera ha definito questa regione' l'orizzonte degli eventi'—dove non c'è più niente da vedere. Tutto intorno alla Visione non potete vedere sulla—è vero?

Jennifer: Sì.

Richard: Guardate un oggetto qualsiasi nella stanza. Io vedo un contorno e tutto intorno a quel contorno c'è qualcosa. Guardate questo pezzo di carta sul pavimento—tutto intorno ad esso c'è il pavimento. Esso sta all'interno di quell'ambiente più grande. Ogni cosa voi guardiate è collocata dentro un ambiente, è circondata da altre cose. Io guardo Mark—intorno a lui c'è un contorno. Dentro quel contorno c'è Mark, al di fuori di esso c'è il resto della stanza. Non c'è una parte del contorno di Mark dove non c'è nulla al di là di esso. Ci sono cose tutto intorno a lui.

Ora guardate l'Intera Visione, per tutto il percorso fino all'orizzonte degli eventi. Potete vedere qualcosa intorno ad essa?

Jennifer: Essa è circondata da ciò che non si può vedere. Da ciò che non stiamo vedendo.

Richard: Sì. Io non vedo nulla là. Wow! Non è dentro niente, vero? L'Intera Visione è appesa là nel Nulla. Non ha un gancio in cima che la possa attaccare a qualcosa sopra.

Jennifer: Non c'è nessun confine o forma. Nessun contorno, essa scompare nel nulla.

Richard: Strabiliante!

Jennifer: Essa scompare in questo Vuoto.

Richard: Nel Vuoto. Questo Vuoto lo possiamo definire come ci piace—Coscienza, Consapevolezza, il Grande Spirito, la Terra della Trasparenza Eterna, Silenzio, Immobilità.

Jennifer: Non ha limiti.

Richard: Ditelo pubblicamente! Non ha limiti. Non è contenuta dentro un ambiente! È sospesa nel Nulla. L'Intera Visione è sospesa nel Nulla. Ogni singola cosa è contenuta dentro questa Visione, ma l'Intera Visione sta dentro un Nulla, è proiettata nel Nulla, sta accadendo nel Nulla! Non è dentro nessuna cosa. È libera. Libera e libera dalle tensioni—non c'è nulla fuori da essa che possa creare pressione su di lei.

David: Ogni cosa è appesa nell'Abisso.

Richard: Sta fluttuando nello Spazio. Allo stesso tempo è totalmente stabile. È immobile. Non può cadere da nessuna parte perché non esiste nulla dove possa cadere.

Probabilmente voi la descriverete in modo diverso. Se le mie parole non vanno bene per voi, trovate le vostre proprie parole, o rimanete con la vostra esperienza non-verbale.

E non dovete cercare di capire per vederla. In effetti, non penso possiate comprenderla. Si tratta di disimparare piuttosto che di imparare. Disimparare. Il solo guardarla è piuttosto semplice, come fa un bambino—come il bambino che eravate.

Dale: Mi piace il modo in cui porti l'attenzione all'ovvio. Esso è sempre stato trascurato.

Una sola coscienza

Richard: Sì, Non si può avere una seconda Visione. Dove la mettereste? Io ne tengo una seconda proprio qui, sapete, nascosta, per usarla quando ne ho bisogno...

Dale: Ne tieni una extra, una di ricambio!

Richard: Una di ricambio, sì!

La sola esperienza diretta dell'Occhio è quella personale. Dio è detto l'Uno. Ecco la nostra esperienza dell'Uno. C'è solo un'unica Coscienza. È davvero ovvio! Sentiamo parlare della coscienza delle altre persone ma è un sentito dire, qualcosa di seconda mano. Voi non potete mai sperimentare direttamente la loro coscienza. La sola esperienza della Consapevolezza è la vostra—siete voi che guardate attraverso questo Unico Occhio. È questo Occhio attraverso il quale guardate non è un occhio umano, vero? È l'Occhio di Dio.

Il potere da onorare

Guardate avanti e siate consapevoli del vostro Occhio Singolo. Notate che ciò che state guardando è nel centro del vostro campo visivo. Verso il bordo della vostra Visione, l'orizzonte degli eventi, le cose si dissolvono. La visione diventa sfocata. Ora guardate qualcos'altro—ora quella cosa è nel mezzo della vostra Visione ed è più a fuoco. Ciò che era a fuoco un attimo fa ora è fuori fuoco. Scegliete qualcos'altro e ora fatelo diventare il centro della vostra visione. Avete il potere di mettere qualsiasi cosa al centro dell'universo semplicemente guardandolo. Proprio ora faccio della vostra faccia il centro del mio mondo. Ora guardo Mark, faccio diventare centrale la faccia di Mark. Chi lo sta facendo? Non è Richard, è l'Uno. Come Uno state promuovendo qualcuno al centro del mondo. Solamente l'Uno, solamente voi, potete farlo. Quando guardate me che lo faccio, non succede nulla, ma quando voi guardate qualcuno, quella persona appare nel centro del mondo.

È come se voi come Uno foste un re o una regina che sta intrattenendo la corte. Se volete onorare qualcuno della vostra corte lo portate davanti, di fronte a tutti gli altri. In quel momento egli è onorato dall'essere il solo di fronte al Monarca. Egli è immerso nel vostro sguardo regale. Poi voi lo rimandate nella folla e dite a qualcun altro di venire avanti. Come Uno, quando guardate qualcuno lo promuovete al centro del mondo. Chiunque guardiate egli prende il centro della scena. In questo modo voi lo onorate. Ora io sto onorando Joy. Per il momento ora tu sei al centro dell'intero universo. Mai in questo modo prima di questo momento, mai proprio in questo modo dopo questo momento. Ora ho fatto avanzare qualcun altro—scusa Joy! Quindi giocate! Fate che ognuno e ogni cosa diventino il centro. È una cosa rispettosa, onorevole, bella, premurosa. Ovunque guardate qualcuno, promuovete quella persona o quell'oggetto al centro del mondo. È creativo. Vedere è creativo.

Capitolo 5

Non Raggiungerla

Alex: Sono rimasto indietro. Non capisco.

Richard: Beh, nessuno di noi capisce realmente. Ma puoi vedere la tua faccia? No. Quella è l'esperienza.

Alex: Ma ognuno sembra stia parlando di qualcos'altro, non direttamente riguardo a quella.

Richard: Lasciami vedere se posso rassicurarti. Ciò di cui stiamo parlando sono le nostre reazioni al non vedere le nostre facce. Stiamo parlando di quello che questa esperienza significa per noi. Ci sono molti modi diversi per pensarci. Ecco perché ho detto all'inizio che tutti noi reagiamo in modo differente. Potresti sentire qualcuno che dice, 'È stupefacente!', anche se tu non la trovi stupefacente. Se questo è ciò che stai pensando, voglio rassicurarti che, ciò nonostante, hai fatto l'esperienza—non puoi vedere la tua faccia. Quella è l'esperienza. Quindi spero che tu possa mantenere una mente aperta e poi, durante il giorno, che tu possa vedere se questo significa qualcosa o no per te. Sì? L'esperienza è che tu non puoi vedere la tua faccia e noi andremo a guardare questa esperienza in una varietà di modi.

William: Hai giusto descritto la mia prima reazione. Io non l'ho vista. Mentre facevo l'indicare pensavo: 'Che stupidità. Non sta funzionando.' Ho provato di nuovo l'indicare. Alla fine sono sprofondato dentro. Non riesco realmente a spiegarlo.

Richard: Ci approcceremo a questo da diverse angolazioni e potrai vedere cosa accade. Alla fine della giornata, se non ha nessun significato per te, almeno hai passato il tempo con delle persone incredibilmente simpatiche! E il caffè è buono!

Capitolo 6
L'Esperimento del Cartoncino

Prima Parte—Lo Specchio

Richard: Adesso faremo l'esperimento del Cartoncino. Avete tutti un Cartoncino con un foro al centro?

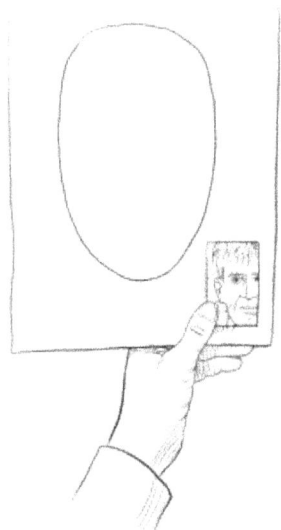

Tenete il vostro Cartoncino a una distanza pari alla lunghezza di un braccio e guardate in uno specchio—là vedete la vostra faccia. Lo specchio rivela due verità. La prima verità è come apparite di domenica mattina! Sono sicuro che sarete tutti contenti di vedere là una faccia luminosa e fresca... La seconda verità è dove si trova quell'immagine—non è forse là fuori nello specchio, dal lato più lontano rispetto al vostro braccio? Io non vedo una faccia qui dal lato più vicino del mio braccio.

Lo specchio vi sta mostrando quello che voi apparite alla distanza della lunghezza di un braccio. Questo è all'incirca quello che gli altri vedono quando vi guardano da questa distanza.

Portate lo specchio a metà strada verso di voi.

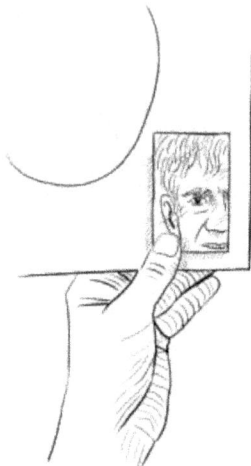

Questo è il vostro aspetto a quella distanza.

Portatelo più vicino—vedrete un grande occhio. Entrate in contatto con lo specchio—vedrete qualcosa di sfumato. Ora riportate lo specchio alla distanza di un braccio.

Quale di queste apparenze siete voi? Beh, tutte. Ognuna di esse siete voi a una distanza diversa. Il vostro specchio vi sta mostrando che il vostro aspetto cambia con la distanza. Mettete giù il Cartoncino per un istante.

Se poteste mettere uno specchio a figura intera dall'altro lato della stanza, là vedreste l'intero corpo. Lo specchio vi aiuterebbe a vedervi da quella distanza. Quello che vedreste là sarebbe simile a come apparite agli altri a quella distanza. C'è una zona intorno a voi dove il vostro corpo si manifesta, negli specchi e negli altri.

Immaginate un enorme specchio a circa tremila chilometri lassù nel cielo—là voi vedreste Lewistown. Quello è il vostro aspetto a quella distanza—la vostra faccia urbana, il vostro corpo urbano. Voi avete bisogno di quello strato—avete bisogno degli impianti idrici e fognari, della rete elettrica, delle strade e degli edifici… Non possiamo esistere senza questo corpo più grande. Immaginate di guardare in uno specchio ancora più grande e ancora più lontano, diciamo sulla Luna—là vedreste la Terra. Quella è la vostra faccia planetaria—che si manifesta a quella distanza. A questa distanza più ravvicinata avete una faccia umana, a quella distanza avete una faccia planetaria. Entrambe sono vostre facce. Normalmente non penso in questo modo ma è sensato pensare così. È anche piuttosto bello avere una faccia planetaria, un corpo planetario. Voi ne avete uno, è come se lo possedeste! Voi avete anche un corpo solare. A una distanza di diversi anni luce voi siete una stella! A una distanza ancora maggiore avete un corpo galattico. Perché non dire di sì al vostro corpo multistrato?

Carol: Se state passando una brutta giornata potete semplicemente dire che siete una stella!

Richard: Sì! È divertente e anche bello. Ed è anche vero. Lo specchio è un amico. Esso vi mostra ciò che siete, non solo alla distanza di un braccio ma, almeno in teoria, a una distanza maggiore e minore. Esso ci aiuta a vedere questo meraviglioso corpo stratificato che abbiamo. La questione allora è, 'Che cosa c'è al centro di tutti questi strati?' In altre parole, 'Chi sono io realmente?' Che cosa sono al Centro, a una distanza zero?' Qualcuno mi aveva parlato di una vecchia canzone nella quale il cantante cantava qualcosa come, 'Sono stato a Londra e a New York e a Parigi e a Sydney ma non ho mai visitato me stesso.' Bene, questo seminario riguarda il visitare 'me'.

Perché è importante 'farmi visita' dare una nuova occhiata a voi stessi? Perché voi siete il vostro strumento per vivere. Se avete un lavoro da fare, è importante avere lo strumento giusto. Non va bene prendere una sega se volete mettere un chiodo. Correte il rischio di farvi male. Allo stesso modo, se vi sbagliate riguardo alla vostra identità, il vostro strumento per vivere, non c'è da sorprendersi se il vostro errore fa del male a voi e agli altri. Dunque scoprire chi siete realmente è importante. Poi il punto è vivere dalla vostra Realtà— non ricordarla, o semplicemente avere l'idea del vostro Sé, o crederci, o sperare che sia vero, ma veramente viverla come una Realtà. Questo è il punto—viverla fa la differenza.

La domanda che ci siamo posti oggi è, 'Qual è il mio utensile, il mio strumento per vivere? Chi c'è al Centro di tutti i miei strati? Lo specchio e le altre persone possono dirvi che cosa siete da una certa distanza—il vostro meraviglioso corpo multistrato—ma essi non possono dirvi che cosa siete al Centro perché là non possono arrivarci. Ma voi siete nel vostro Centro per cui siete nella perfetta posizione per vedere che cosa siete là. È un qualcosa tenuto ben segreto. Ma tutto quello di cui abbiamo bisogno per scoprire questo segreto e vedere che cosa siamo al Centro è guardare là, il che è quello di cui si occupano questi esperimenti.

Seconda Parte—Il Foro

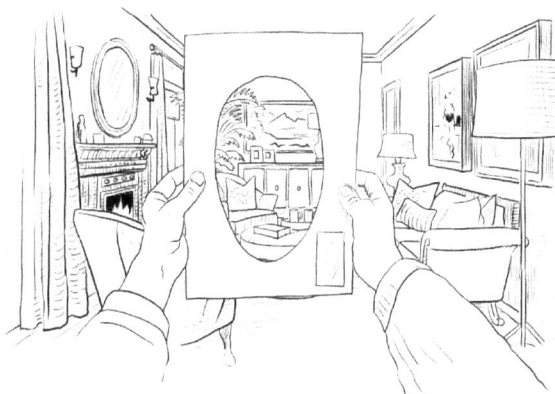

Guardate il foro nel Cartoncino. È un foro arrotondato. Poiché si tratta di un foro, dentro ci potete mettere qualsiasi cosa. Notate quello che è contenuto nel foro ora—una parte della stanza. Il resto della stanza è fuori dal bordo del Cartoncino.

Ora portate il foro a metà strada verso di voi e notate che cosa succede—esso si ingrandisce. Dentro di esso è contenuta la maggior parte della stanza. Più vi avvicinate e più diventa grande. Continuate a spostarlo verso di voi e osservate che cosa accade—i lati del foro si allargano, la parte superiore e quella inferiore poi spariscono.

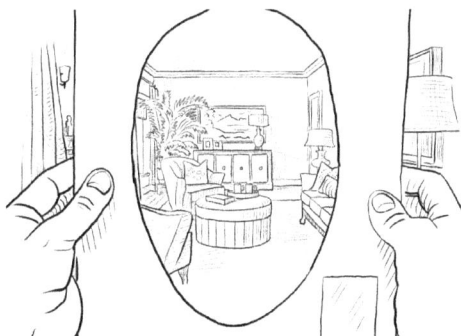

Per finire, quando proprio lo indossate, il Cartoncino svanisce completamente e non c'è più nessun confine rispetto al foro. Vero?

Nessun confine! Avete semplicemente diretto la vostra attenzione fino a casa in questo Spazio Aperto—questo Spazio Aperto che è pieno di ogni cosa.

Continuate a mantenere il Cartoncino indossato e guardate intorno le altre persone. Tutte hanno un Cartoncino che incornicia le loro facce e appaiono un po' sciocchi, non è vero? Ma ce n'è una nella stanza che non è stata incorniciata, che non appare sciocca.

Jeffrey: Grazie!

Richard: È vero, no? Siete stati messi sotto in cornice? No! Alzate le mani se non apparite sciocchi! Non siete dentro una scatola, non siete contenuti dentro un Cartoncino o qualsiasi altra cosa. Siete liberi.

Jeffrey: C'è un notevole netto contrasto tra i fori nei Cartoncini delle altre persone riempiti di cose solide—le loro facce—e la mia che è nulla, che è vuoto. Notevole.

Richard: Un contrasto totale. Quanto fortunato deve essere quello che non è inserito dentro. Che fortuna! Ce n'è solo uno che può passare attraverso questa Porta Magica che conduce al Paradiso. Solo uno. Non puoi entrare in Paradiso se sei una persona, puoi entrare in Paradiso solo se sei Dio. Solo Dio vive in Paradiso. Beh, è una metafora, un modo pittoresco per dire le cose. Riprendete il Cartoncino. Chi può passare attraverso la Porta Magica del Paradiso Infinito? Portate il Cartoncino verso di voi e indossatelo. Chi l'ha attraversata ed è entrato nello Spazio Infinito, in questa Capacità che contiene questo glorioso universo? Solamente una Non-cosa può passare. Solo voi potete passare. Loro rimangono fermi all'ingresso.

Eileen: Ecco perché la parola 'vastità' viene così spesso usata, perché è vasto!

Richard: Sì, è una parola adatta per definirlo.

Eileen: Nessun confine.

Richard: Non è forse carino celebrare tutto questo insieme, con voci diverse.

Ecco un trucco di magia che potete fare—potete far apparire il Cartoncino dal nulla. Tirate fuori il Cartoncino. Esso esce dal nulla. Viene fuori dal nulla. Che cosa fantastica!

Incondizionatamente aperto

Facciamo di nuovo questo esperimento. Guardate il foro. È un foro arrotondato. Poiché è vuoto potete riempirlo con qualsiasi cosa. In questo momento io lo sto riempiendo con il pavimento, ma ora ci metto dentro una persona, ora un quadro. Esso non rifiuta nulla. Non dice di no a niente. Non dice 'No' a nulla. Non dice, 'Adesso dico di 'Sì' al pavimento ma di 'No' a quella sedia.' È stato creato aperto. Incondizionatamente aperto.

Indossate lentamente il Cartoncino. Ora il cartoncino è svanito. Tutto ciò che rimane è questo Spazio infinito. State vedendo quello Spazio dove voi siete Aperti in modo incondizionato. Siete aperti incondizionatamente per qualsiasi cosa stiate sperimentando.

Ora togliete il Cartoncino. Siete ancora Aperti incondizionatamente.

Indossare l'immortalità

Ian: Guardo nello specchio e quel ragazzo sta invecchiando.

Richard: Ma questo Uno no.

Ian: Questo Uno è sempre esattamente lo stesso.

Richard: Non è fantastico!

Ian: È un sollievo. Sono più preoccupato per lui, quello-nello-specchio!

Richard: Lo dovresti essere! Quello-nello-specchio ha rughe—beh, per la maggior parte di noi, non per tutti noi! Ma questo Uno non ha nessuna ruga. Questa è la migliore chirurga estetica—rimuove tutte le rughe in un lampo! Quello-nello-specchio è nato e morirà. Infatti apprendiamo che siamo mortali. Ricordate la prima volta che avete realizzato che morirete? Alcune persone sì. Vi rendete conto di essere mortali. Indossate quella faccia mortale che vedete nello specchio e non fate attenzione alla vostra immortalità centrale. Per tutto il resto della vostra vita vivete convinti, nell'illusione di essere mortali. Ma ora possiamo vedere che al Centro non siamo mortali. Ora possiamo vivere le nostre fragili, mortali, umane vite da questa Fonte immortale! Fantastico. Ora possiamo guardare nello specchio e dire, 'Grazie a Dio non sono quello!'

Il Viaggio verso Casa

Faremo questo esperimento ancora una volta. Questo è un viaggio eccezionale—dalla regione della vostra apparenza alla vostra Realtà. State tornando a casa, a quello che realmente siete. Indossate lentamente il Cartoncino. Mentre guardate il foro che si avvicina a voi, state spostando la vostra attenzione all'indietro insieme ad esso, verso il punto dal quale state guardando fuori. Continuate a guardare. Non preoccupatevi di quello che vedono le altre persone, esse sono là fuori e stanno guardando il vostro aspetto mentre voi siete qui e state guardando e la vostra Realtà. Quando portate la vostra attenzione a tutto il percorso fino a casa insieme al Cartoncino, voi vedete che non apparite sciocchi a voi stessi. Sapete di apparire sciocchi agli altri là fuori ma qui voi siete trasparenti, aperti, liberi, pieni di ogni cosa. Non uscite dalla vostra spaziosità, dalla vostra immensità, dalla vostra immortalità, dalla vostra salute. Non lasciate che gli altri vi portino fuori dalla vostra incredibile nobiltà. Il vostro Vero Sé è infinito, eterno, sano, potente, meraviglioso. Noi ci lasciamo portare fuori dalla verità, diamo via il nostro potere, lasciamo che gli altri ci dicano chi siamo. Ora ci stiamo riappropriando del nostro potere nel modo più semplice—unicamente guardando e continuando a guardare. State portando in equilibrio i feedback che ricevete dagli altri e la vostra propria esperienza di chi realmente siete. Siete Aperti. Non vi rimane attaccato nulla. Se qualcuno vi dice che apparite ridicoli, ora potete dire, 'Beh, io appaio ridicolo a te laggiù ma qui io non appaio sciocco. Quello che voi dite riguardo a me non ha nessuna corrispondenza qui.' Vero?

Teresa: Assolutamente. Come mi vedi è un tuo problema.

Richard: Sì. O una mia gioia.

Ora sei a Casa. Hai fatto l'incredibile viaggio dalla regione dove si manifestano le tue apparenze alla tua Realtà centrale che è immobile, silenziosa, sicura, aperta, piena di ogni cosa. Questo è il grande viaggio—da qualcosa che è nato e che morirà a quello che non è mai nato e mai morirà.

Ora vedi chi realmente sei. Ce l'hai fatta. Non potevi non farcela. Ce l'hai fatta in modo totale—non potevi farcela per metà. E nessuno può farcela meglio o peggio di te.

Teresa: Ciao!

Richard: Ciao! Sì, è così, ce l'hai fatta. Realmente! Ora puoi tornartene a casa.

Questo non è principalmente da capire! Capire è importante ma principalmente questa è un'esperienza. Il Tuo Vero Sé è sempre disponibile. È ciò che sei. È libero. È molto gentile perché non si nasconde. Se vuoi nascondere il tuo Vero Sé, mettilo nel posto più ovvio—il posto dal quale guardi fuori! Chi ci avrebbe mai pensato? Tu dici, 'Non può essere vero!' D'accordo, verificalo! Dai un'occhiata e Guarda se è vero o no. Non devi credere a me. Non credere a nessuno—guarda tu stesso.

Capitolo 7
L'Esperimento ad Occhi Chiusi

Questo esperimento esplora con gli occhi chiusi chi siamo noi, ma inizieremo con gli occhi aperti. Siate consapevoli del vostro Occhio Singolo. Siate consapevoli che non potete dire quanto sia grande il vostro Occhio perché non ne avete un secondo al quale poterlo paragonare. E il vostro Occhio non ha nulla intorno— non è contenuto dentro qualcosa di più grande, è semplicemente appeso nel Nulla. La Visione svanisce tutt'intorno nel Niente. Siate consapevoli di questi due aspetti—la vostra Visione è la sola Visione della quale non potete dire quanto grande sia, e che non è contenuta in nessuna cosa.

Distruggere il mondo

Chiudete gli occhi. La stanza è scomparsa. State sperimentando l'oscurità. Quanto grande è l'oscurità? Io non ne trovo una seconda a destra o a sinistra per poterla paragonare. Ce n'è solo una. Vero? L'oscurità è contenuta dentro qualcosa? No.

Aprite gli occhi. Che cosa cambia? La visione fuori cambia passando di nuovo dall'oscurità alla stanza, ma la visione dentro non cambia, non è vero? Nella direzione verso l'esterno c'è la stanza e da questa parte, guardando dentro, non c'è Nulla. Rifacciamo il gesto dell'indicare nelle due direzioni. esso aiuta a portare la nostra attenzione a queste due direzioni. Da quella parte c'è la stanza e da questa parte il Nulla. Quando avete gli occhi chiusi, da quella parte c'è buio ma da questa parte sempre Nulla. Chiudete gli occhi. Ora c'è buio ma qui Nulla. Aprite gli occhi. Ora la stanza riappare nel Nulla. Magico! La visione fuori cambia ma la visione dentro no. Quando chiudo gli occhi distruggo la stanza, quando apro gli occhi la ricreo. Voi dite, 'Richard, stai solo chiudendo ed aprendo gli occhi.' Per voi, ma dal mio punto di vista sto magicamente distruggendo e ricreando la stanza. Chiudete gli occhi—se n'è andata! Aprite gli occhi—eccola di nuovo! Siete in grado di far apparire e scomparire le cose.

Potreste chiedere, 'A cosa serve essere in grado di fare quello?' Io vi dico, 'Pubblicamente non serve proprio a niente, ma privatamente questo conferma la mia identità. È una cosa interiore. Essa mi conferma chi realmente sono. Ah, sì! Ecco uno dei miei poteri!' Dunque, esercitate il vostro potere e distruggete la stanza! Ora ricreatela!

Quando vi risvegliate a chi realmente siete, vi risvegliate al fatto davvero stupefacente che voi siete l'Uno. Non potete fare di meglio dell'essere Dio! Voi siete l'Uno, voi siete l'Essere. Questo dovrebbe far venire i capelli dritti. 'Essere' è una piccola parola per questo incredibile Mistero e Realtà che voi siete. Esso è talmente grande nonostante sia umile perché è il nulla. Esso diventa grande attraverso l'essere umile. Vero, no? Il solo modo per arrivare a questa Grande Gloria è attraverso l'essere nulla.

Suoni

Chiudete di nuovo gli occhi. Siate consapevoli dei suoni. Potete distinguere diversi suoni. Potete sentire la mia voce. Ora potete udite qualcuno che si muove su una sedia. Alcuni suoni potrebbero piacervi, altri potrebbero non piacervi. Alcuni sono alti e alcuni sono deboli. Mentre ascolto attentamente posso sentire suoni sempre più flebili. Infine c'è una regione dove non sento più nulla. Là c'è un 'orizzonte degli eventi'. Oltre il suono più debole c'è un posto dove non sentite nulla. O potreste dire che sentite Silenzio. Naturalmente, Silenzio è una parola per qualcosa che non è una cosa. È una Noncosa, Capacità, Consapevolezza. Tutti i suoni che potete sentire stanno fluendo attraverso, o stanno venendo fuori da questo Silenzio, cadono in esso.

Quanto grande è l'intero campo sonoro? Non ce n'è un secondo per poterlo comparare con questo. C'è solo un unico campo sonoro.

L'intero Campo sonoro è contenuto dentro qualcosa? Non secondo la mia esperienza.

I suoni stanno accadendo in un Contenitore diverso dalla Capacità che contiene il buio? No. I suoni e il buio stanno accadendo insieme in quest'unico infinito Silenzio, Spazio, Consapevolezza. I suoni e il buio sono dentro di voi.

Non dovete capirlo o pensarlo in un modo particolare. L'esperienza è non-verbale, non-concettuale.

Aprite gli occhi. I suoni stanno ancora accadendo nel Silenzio, vero? Aprite gli occhi. Tutti i suoni sono dentro di voi. Dunque quando udite la mia voce e poi—facciamo una piccola conversazione—sentite la voce di Dale…

Dale: Ehilà, Richard!

Richard: Entrambe le voci sono dentro di voi, non è vero? Poiché sono cresciuto identificandomi come Richard e non come Dale, so che questa è la mia voce e quella è di Dale. Ma ora che vedo chi realmente sono—e sento chi realmente sono—sono consapevole che entrambe le voci sono mie. Mi fa piacere di avere due voci! [Le persone ridono.] Ora ho molte voci!

Voi state includendo altri. Voi siete gli altri. Non solo state vedendo gli altri dentro di voi, state anche ascoltando gli altri dentro di voi. Molte voci in un'Unica Consapevolezza. Questo è un modo diverso di ascoltare. È un ascolto inclusivo. È una Vacuità interessante—si tratta di Vacuità, Capacità, Silenzio, vivi. Non diventate semplicemente tutti questi colori e forme, diventate anche tutti questi suoni, momento per momento. Ora state parlando con la voce di Richard. È divertente! E tutti i suoni che sentite stanno misteriosamente, magicamente, nascendo dal Silenzio in cui voi siete e si dissolvono ritornando in esso. Senza che lo sappiate, o lo controlliate, o facciate qualche sforzo.

Dale: Mi piace il modo in cui esprimi tutto questo. Quel quadro là sul muro è arte Zen—alberi di pino nella nebbia. Quella è l'espressione Zen di ciò che stai indicando—quegli alberi di pino vengono fuori dalla nebbia.

Richard: Sì! Tutto viene fuori dalla nebbia della Vacuità, non è vero! Che incredibile creatività! Come quello-nello-specchio noi siamo più o meno creativi a seconda di quello che la società reputa sia creativo. Forse dipingere un quadro. D'accordo, quello è magnifico.

Ma come Uno voi non potete smettere di creare! Ogni cosa esce da voi, viene fuori dalla 'nebbia'. Fresca, senza sforzo, sorprendente, nuova, da tutte le parti. Facciamo un giro e diciamo i nostri nomi. Dire i nostri nomi è un'opportunità per sentire le nostre molteplici voci che nascono dentro l'unico Silenzio. Voi state parlando a più voci. Non deve essere un'esperienza da 'wow', comunque. È una cosa naturale, normale. Per cui, godetevela. Partiamo—Richard... [Ognuno dice il proprio nome.]

Dale: Come un'orchestra.

Richard: Non è forse fantastico tutto ciò. Questo è un modo diverso di stare insieme agli amici. State godendovi l'essere loro. Questo ci apre nuovamente verso il mondo. Con qualsiasi persona parliate, qualcuno in un negozio o per strada, vostra moglie o vostro marito, potete abbracciarli in questo modo profondo, privo di interferenze—perché il modo in cui diventate gli altri è attraverso l'essere il Nulla. Non diventate loro imponendovi. Fate loro spazio, sparite in loro favore.

Charles: Ciò risuonava davvero quando abbiamo chiuso gli occhi per la prima volta e abbiamo dato spazio all'ascolto e poi tu hai detto di aprire gli occhi. Allora, all'improvviso, i suoni e la stanza si sono fusi insieme.

Richard: Tutto si fonde, non è vero?

Sensazione

Chiudete di nuovo gli occhi. Siate consapevoli delle sensazioni corporee. Alcune vi piacciono, altre no. Alcune sono in primo piano, alcune sono sullo sfondo. Alcune sono forti, altre sono deboli—voi ne siete semplicemente consapevoli. Poi al di là della più debole di tutte le sensazioni c'è una regione dove voi non sentite nulla. Là, ancora una volta, c'è la Vacuità. Lo Spazio contiene le sensazioni. È una specie di torpore consapevole che contiene questo campo infinito di sensazioni mutevoli—contenerlo, vero, non significa separarsene. Posso chiamare questa sensazione la mia mano e quella la mia testa e quella il mio alluce, ma anche questo nominare accade nel Nulla. Quanto grande è l'intero campo sensoriale? Io non trovo un secondo campo sensoriale per poter fare una comparazione. E voi? No.

E non trovo che questo campo di sensazioni si manifesti dentro un campo più grande. Non trovo che sia dentro qualcos'altro. È nel Nulla, dentro questa Capacità infinita, informe.

Questo campo sensoriale sta accadendo nella stessa Capacità laddove si manifestano tutti i suoni e il buio. Tutto sta accadendo insieme dentro l'Unica Consapevolezza.

Noi ci identifichiamo con le sensazioni del nostro corpo. Dunque se dico che non so quanto grande sia il campo delle sensazioni, potrei altrettanto facilmente dire, 'Non so quanto grande sono io. Io non sono contenuto dentro nulla. Sono senza confine. Sto fluttuando nel Nulla, sto apparendo e scomparendo nel Nulla. Emergo miracolosamente dalla 'nebbia'.' Queste sono parole. L'esperienza è non-verbale per cui potete descriverla come vi piace.

Aprite gli occhi. Siete ancora consapevoli delle sensazioni del corpo. Il campo sensoriale—sta manifestandosi in una Capacità diversa da quella dei colori e delle forme della stanza? C'è solo una Capacità. Siete in grado di dire quanto grande è il campo delle sensazioni in questo momento, con gli occhi aperti? È contenuto in qualcosa? Il mio no. Le sensazioni del mio corpo si fondono con la stanza. Io sono grande. Io sono espanso. È così per voi? Essere espansi è una cosa buona per il vostro corpo. È naturale. È salutare. Questo è come voi venite al mondo da neonati. Quando cresciamo impariamo a vedere noi stessi da fuori e ci contraiamo—rubiamo le nostre sensazioni dal mondo che sta là e le accumuliamo in una 'scatola' qui. Poi ci chiediamo come e perché ci sentiamo stressati. Ma ora mi sto risvegliando rispetto al mio punto di vista e sto riscoprendo che le mie sensazioni sono ovunque. Il mondo è pieno di sensazioni. Il mondo è vivo. Io sono libero, indiviso dal mondo. Tutte le cose nascono in questo Unico Spazio, in questa Consapevolezza. Non c'è nulla al di fuori di me, oltre me, col quale scontrarmi.

Siate consapevoli del vostro respiro. Dove sta accadendo il vostro respiro? Dentro qualcosa, è contenuto in qualcosa? Quel ritmo non sta accadendo nel Nulla Consapevole? Se dite che è nel vostro corpo, dove nel vostro corpo? Nel campo visivo? E dove si trova il campo visivo? Sta fluttuando nel Nulla! Il tuo respiro non sta forse accadendo dentro questa Capacità risvegliata che voi siete? Non è forse dentro l'Uno, dentro questo misterioso, incredibile Nulla, Silenzio, Vuoto, in questo Spazio nel quale ogni cosa sta accadendo?

David: È stato incredibile prima, quando hai portato tutto in prospettiva. Ma quando hai detto, 'Siate consapevoli del vostro respiro', l'uso della parola 'vostro' ha contratto ogni cosa. Ma poi quando hai rimosso la parola 'vostro', è rimasto solo il respiro. Sensazione. Quando togliete le parole 'mio', 'vostro', 'io', tutto diventa parte della Visione Complessiva.

Richard: Sì, capisco. Ma posso sfidarti su questo? Sii consapevole del tuo respiro—no, scusa, sii consapevole del 'respiro'—dentro lo Spazio. Ora abbiamo la parola 'il'. La parola 'il', il suono e l'immagine o qualsiasi cosa sia, è nello Spazio, vero? Ora la parola 'tuo'—non è forse nello Spazio?

David: Me l'hai fatta. Sì.

Richard: Dunque l'uso di una parola non ti fa smettere di essere consapevole dello Spazio.

All'interno di questa Consapevolezza, un attimo ci potrebbe essere una sensazione che arriva in primo piano, al centro della mia Consapevolezza, poi un attimo dopo un suono o qualcos'altro, che ribolle, che appare e scompare. Ma questa Consapevolezza, lo Spazio in cui tutto questo sta accadendo, non cambia. È costante.

Alex: Trovo sia più facile per me vedere che sono libero tramite la visione e l'ascolto piuttosto che tramite le sensazioni corporee.

Richard: Ti suggerisco di divertirti con quelle parti che trovi facili e di lasciare che quella consapevolezza filtri gradualmente dentro quelle parti che sembrano non essere così facili. Questo fa parte della gioia di tutto ciò, l'avventura—non tutto va a posto immediatamente in termini di comprensione. È una continua e graduale evoluzione per tutti noi. Ma ragazzi!—quando iniziate a dire di sì alla semplice verità che siete espansi, che le vostre sensazioni si fondono con il mondo, è così curativo, così liberatorio, così salutare per voi fisicamente.

Pensieri e sensazioni

Chiudete gli occhi e siate consapevoli dei vostri pensieri e delle vostre sensazioni. Contate lentamente fino a cinque. Immaginate i numeri che appaiono nel buio. Ora ricordate che cosa avete mangiato a colazione. Ora pensate a qualcuno che vi sta a cuore e siate consapevoli del vostro affetto nei suoi confronti. O pensate a un problema nella vostra vita e osservate che cosa percepite al riguardo. Pensieri, immagini, sensazioni—che cambiano continuamente. Qualcosa vi piace e qualcosa no. Qualcosa appare grande, qualcosa piccolo.

Ora portate l'attenzione all'intero campo del pensiero e a quello delle sensazioni, a ciò che definite 'il campo della mente' o più semplicemente, la vostra mente. Quanto grande è? Io non ne trovo un altro per poterlo paragonare. Non posso dire quanto grande sia la mente.

Alcuni pensieri e alcune sensazioni sono chiare, nel centro del campo dell'attenzione, mentre altre sono vaghe, in qualche modo sul bordo. Alcuni potreste forse solo intravederli come un piccolo bagliore di luce. Forse ne avete una vaga memoria. Che cos'era? Non riuscite proprio a ricordare. Vaghi pensieri e vaghe immagini veramente ai limiti della vostra mente. Poi oltre quel limite non siete più consapevoli di nessun altro pensiero. Fuori campo. O potreste dire, oltre il pensiero più debole c'è la regione dove il pensiero svanisce nel non pensiero, nella Non-mente. Tutta questa attività mentale sta nascendo e succedendo dentro questa infinita Non-mente, Consapevolezza, Silenzio. Dovete fermare il pensiero per sperimentare questa Non-mente? No! Essa è dove accade il vostro pensiero. Proprio come i suoni nascono magicamente da questo Silenzio, così i vostri pensieri emergono da questa misteriosa

Non-mente, da questa Creatività infinitamente creativa. Poi si dissolvono nuovamente in essa. I pensieri non oscurano la Non-mente, accadono in essa.

I vostri pensieri e le vostre sensazioni sono separati dal resto della vostra esperienza, dal resto del mondo? Ascoltate il rumore del traffico. Insieme a quel suono potreste avere l'immagine di un'automobile, che nasce nella Non-mente. La vostra immagine mentale dell'automobile è in una Capacità separata da quella del suono fisico? Nella mia esperienza no. Sia l'immagine che il suono stanno accadendo in un'unica Capacità. Il suono è 'là fuori' mentre il vostro pensiero che la riguarda è 'qui dentro'? Fate attenzione al pensiero dell'automobile. Io non trovo nessuna linea di divisione tra la mia immagine della macchina e il suo rumore. Ora potete sentire il rintocco di una campana. Le vostre reazioni al suono di quella campana sono separate dal suono della campana?

Queste parole rendono il suono complicato mentre l'esperienza è semplice ed evidente. Quando dico che tutto questo sta accadendo in questa unica Capacità, nella Consapevolezza, suona come ci fossero due cose—la Consapevolezza e ciò che sta accadendo nella Consapevolezza. Ma non ci sono due cose—solamente una. Ma poiché abbiamo avuto l'esperienza non dobbiamo preoccuparci molto delle parole che usiamo.

Aprite gli occhi—ricreate la stanza nel Nulla! Nel Nulla, insieme ai colori e alle forme, ai suoni e alle sensazioni, ci sono i pensieri e le emozioni.

I vostri pensieri e le vostre emozioni, insieme alle sensazioni, si fondono con la stanza? I miei pensieri non sono in nessun tipo di contenitore qui, separati dalla stanza là. I miei pensieri riguardo al tappeto non si trovano in nessun tipo di contenitore qui, separati dalla stanza là. I miei pensieri riguardo al tappeto non sono qui nella mia testa, separati di qualche metro dal tappeto. Il tappeto, i miei pensieri, le mie emozioni, i suoni—stanno tutti accadendo insieme in questo unico Spazio senza testa. Io dico che sto pensando, ma potrei facilmente dire che è la stanza che pensa. O che c'è un unico pensare. È interessante vedere ciò che l'Uno sta pensando, non è vero? Voi state osservando il cambiamento dei pensieri dell'Uno come si osserva il cambiamento del tempo. La stanza è viva con pensieri ed emozioni e sensazioni in continuo cambiamento. Essi saltano fuori dal Nulla, non è vero? L'intera cosa sta spuntando dal Nulla senza che nessuno stia muovendo i fili.

Noi facciamo regolarmente degli incontri video. Stamattina qualcuno stava dicendo che i pensieri sono come la pioggia. Questo è geniale—perché la pioggia non è dentro di me, è là fuori nel mondo. Per cui l'immagine indica che il mondo è saturo di pensieri ed emozioni, che i pensieri sono là fuori, non qui dentro. Qui lo Spazio è asciutto! Non c'è pioggia qui. È un'immagine bellissima—il mondo è inzuppato di pensieri ed emozioni! Questo conferma l'idea che si tratta di un mondo vivo, pensante, che ha emozioni. L'universo è vivo. Un universo vivente dovrebbe essere un universo pensante, che ha emozioni, che respira, non è vero? Ora vado a verificare se è così!

Mark: Vedere chi realmente siamo è come reggere un ombrello sotto la pioggia.

Richard: Sì! L'ombrello della Vostra Vera Natura! Esso vi mantiene asciutti. Là sta piovendo, ma poiché la pioggia non influenza la vostra Vera Natura allo stesso modo non è un problema. Il mondo è zuppo di emozioni e di pensieri. I vostri pensieri riguardo a me ora si fondono con me, vero? Sì. I vostri pensieri riguardo a ciò che sta succedendo ora sono nella stanza. È il seminario che sta pensando ed emozionandosi. Si tratta di un modo differente di pensare riguardo alle cose. Vi rende liberi di pensare in modo nuovo. E questo libera il pensiero dalla scatola nella quale avevate immaginato che fosse rinchiuso.—la scatola della vostra testa. Questa liberazione dei vostri pensieri vi apre ad una maggiore creatività. State vedendo che il vostro pensare e le vostre reazioni stanno emergendo nella Non-mente—siete Aperti, state uscendo dal Nulla. Ora la Non-mente sta pensando e la Non-mente è illimitata.

I bambini sanno che la loro mente è libera. Beh, non hanno ancora appreso che essa è intrappolata, separata dal mondo. Da bambini, fate l'esercizio del pensare, che trovate nel vostro quaderno degli esercizi—finché non imparate che dovete farlo qui nella vostra testa. È più facile pensare là fuori nel vostro quaderno degli esercizi— meno pieno di cose. Là c'è più spazio. È più difficile pensare nello spazio ristretto della vostra testa. Lasciate che le vostre idee nascano in quel quaderno degli esercizi, magicamente—lasciate che i vostri scritti accadano là fuori sulla pagina. Lasciate che le vostre idee si susseguano fuori dalla vostra Non-mente mentre parlate—non dovete avere niente di pronto in una mente immaginaria qui. La vostra mente non è qui, comunque. Quello è il problema—pensare che è qui, nella vostra testa. Non lo è. Non c'è niente qui—questo Niente incredibilmente creativo. Fuori da questo niente si manifesta l'universo, inzuppato dal pensiero. Stanno piovendo pensieri—poetici, meravigliosi. Stanno piovendo pensieri. Oggi c'è un dannato tornado!

Se piove voi non vi sentite responsabili e non vi tormentate—'È colpa mia se piove.' Quando vi rendete conto che i vostri pensieri sono come la pioggia, là fuori nel mondo, allora essi non sono più colpa vostra. Stanno piovendo pensieri. Naturalmente avete pensieri nuvolosi e pensieri soleggiati, e voi preferite quelli soleggiati, ma quando posizionate la vostra mente, quando vedete dov'è, che è là e non è al centro, ve ne liberate. Allora la vostra mente fa un sospiro di sollievo. Vi ama per averle permesso di ritornare nel posto al quale appartiene. Essa vi dice, 'Grazie' quando lasciate che sia là dove è. Dov'è la vostra mente? Questo è il problema.

Un mio amico, Colin Oliver, ha scritto una poesia riguardo a questo—

Le Api Pensiero

Se le api fossero pensieri,
chi si preoccuperebbe di rinchiuderle
nell'alveare della testa?
Chi distrugge
questo finto alveare

con il veloce Martello del vedere,
non vede nessuna scatola, nessuna casa,
nessuna porta da chiudere.
L'incantesimo delle immagini è spezzato
e lo sciame
scappa fuori
per disperdersi nel mondo.
L'alveare del nulla
porta nel mondo
il miele dell'amore,
e le api pensiero
viste dalla regina
dell'occhio, possono girovagare in libertà.

Se tenete i vostri pensieri nella vostra testa immaginaria, non dovete sorprendervi se diventano rabbiosi, come api confinate. Rompete l'alveare immaginario con il veloce Martello del Vedere! Fuori nel mondo le api pensiero volano. Esse non sono più imprigionate, non ronzano più come pazze dentro l'alveare. I miei pensieri sono liberi nella stanza. I miei pensieri sono là fuori insieme alle stelle. È là il loro posto. Le mie emozioni sono libere. Io sono libero.

Capitolo 8

Mai Disturbato

William: Quando sono consapevole dello Spazio, un pensiero veramente forte non ha lo stesso effetto.

Richard: Non disturba la Non-mente, vero? Non può disturbare la Non-mente. Non è che la Non-mente è diventata più forte—semplicemente non viene disturbata. Così voi vi rilassate. Dite, 'Va bene, non interferisce con la Non-mente. Io non devo in qualche modo proteggere la Non-mente o mantenerla chiara. È sempre chiara.'

William: Alle volte sembra che il pensiero sia molto grande, come quando tengo la mia mano in alto verso la mia faccia. È più grande di ogni altra cosa nello Spazio.

Richard: Quando lo fai e la tua mano è grande tanto quanto la stanza, la tua mano interferisce con lo Spazio ai lati della tua mano?

William: Non è piacevole.

Richard: No, non è piacevole, ma non va ad influenzare lo Spazio. Vero?

William: Vero.

Richard: L'idea che la vostra Vera Natura sia libera dalle interferenze è indicata nelle grandi tradizioni spirituali. Il Taoismo fa riferimento alle corna dei tori che possono agganciarsi alle cose ma non possono agganciarsi alla Vacuità. Di che diavolo stanno parlando? Stanno parlando dello Spazio dal quale state guardando fuori perché niente si può agganciare dentro questo Spazio. Non è perché avete sviluppato la vostra pratica che alla fine le cose non influiscono sulla vostra Vera Natura. Le cose non interferiscono mai con la vostra Vera Natura ma ora ne siete consapevoli.

Mark: A causa delle mie esperienze meditative passate con dei guru ho sempre un sacco di aspettative. Ho una mente che pensa, 'Dovrebbe succedere questo e dovrebbe succedere quello' e, se non lo vedo, penso che forse non è una cosa reale. Per cui come fai con una mente come la mia?

Richard: Una mente come la nostra! Bene, questo gesto dell'indicare nelle due direzioni indica le due visioni—dentro nel Vuoto e fuori verso quello che riempie il Vuoto. In questa direzione verso l'interno non vedi quelle aspettative o altro, vero?

Mark: No, ma la mia mente è ancora là.

Richard: Sì, la mente è parte del contenuto di questo Spazio. Si sta manifestando da qualche parte là, nello Spazio o nella Non-mente qui. Questa è meditazione—ti occupi delle cose così come sono in questo momento, incluse qualsiasi siano le aspettative là. Non è principalmente una questione di liberarsi delle aspettative ma di vedere che siete liberi da esse qui al Centro. Noi portiamo l'attenzione in questo posto, a questa Non-mente, la Fonte della mente, fuori dalla quale arrivano queste aspettative. Il punto è non lasciarsi sfuggire questo posto di Libertà e Non-pensiero—anche mentre state pensando e vi aspettate delle cose.

Mark: Ieri sera, quando ero a letto, ho pensato, 'Facciamo un esperimento. Stai in questo Spazio.' Improvvisamente questo Spazio ha iniziato ad espandersi. Poi è entrata la mente.

Richard: Lo so, ma non c'è niente di sbagliato in questo. Che tutto si presenti nello Spazio. Continua semplicemente ad essere consapevole dello Spazio che non viene intaccato dai pensieri.

Dale: Ho letto molto riguardo alle diverse tradizioni e l'ho praticato per molto tempo. Tutte hanno modi ottimi di parlare di questi punti ma io penso che il problema è che tu ascolti sempre l'esperienza di qualcun altro riguardo a questo. Quindi ci troviamo ad essere influenzati, pensando che dovremmo ottenere qualcosa di simile alla sua esperienza. Io penso che sia l'errore più grosso perché questa cosa è così immediata. Alcune persone provano rabbia, altre persone si sentono euforiche, ma quando stavamo indicando all'indietro e la nostra attenzione stava semplicemente riposando nella Chiarezza del dentro e di se stessa - non succede mai che quella vada e venga. Ma qualsiasi cosa che voi possiate nominare lo fa. Il fatto è questo. Quella storia che altre persone avevano promosso, dicendo che avresti dovuto avere questo o quello, non è realmente ciò che viene indicato. Quella storia è un'esperienza, un contenuto che nasce e muore e questa è l'Immortalità. Essa è realmente molto bella. Poi tu puoi dare un senso ad alcune delle esperienze successive al fatto, se questa diventa l'esperienza primaria. Tutte quelle cose vanno e vengono, ma poi passano. Allora pensiamo di aver perso questa cosa. Ma non la potete perdere. Questa è la gioia di tutto questo, il mistero di tutto questo.

Capitolo 9

Insicurezza e Sicurezza

Roger: Potresti dire qualcosa di più riguardo al suo lato sicuro di modo che io possa raggiungere quel posto, nonostante sia ancora presente questa paura alla base. Mi piacerebbe sentirmi al sicuro ma questa sensazione non è là. Allora penso, 'Le sensazioni sono presenti solo dentro lo Spazio e così via', ma potresti dire qualcosa di più riguardo a questo?

Richard: Sì, le sensazioni sono nello Spazio. Anche quella profonda incertezza di base è nello Spazio e non va ad intaccare lo Spazio— che è sempre pieno di qualcosa. Ora, ogni volta che si manifesta una sensazione di incertezza, puoi controllare e vedere se va ad intaccare lo Spazio. Applica quella costante Consapevolezza. Questa è meditazione—non è un evitare qualcosa o cercare di disfarsene o sopprimerla, riguarda il prenderla in considerazione così com'è data nello Spazio. Non devi nemmeno sapere che cosa significhi quella cosa nello Spazio, devi solo prenderla in considerazione nel Nulla. La tieni nel Nulla che non cambia mai e vedi cosa succede. Ora hai un posto dove ospitare quell'incertezza. Quella sensazione di incertezza è comprensibile perché dal momento in cui sei nato ti è stato detto di identificarti con quello-nello-specchio e ovviamente quello-nello-specchio è profondamente vulnerabile. Il sentirsi insicuri è comprensibile perché l'incertezza e la sicurezza sottolineano la tua vita. Sarebbe strano se tu non ti sentissi insicuro qualche volta. È una sensazione appropriata che hai.

Ciò lo si deve riconoscere perché quando percepiamo quella insicurezza di base pensiamo che ci debba essere qualcosa di sbagliato in noi. 'Com'è che io sento questo e nessun'altro lo sente? Ci deve essere qualcosa di sbagliato in me!' Ma non è così. Percepire quella insicurezza di base è veramente appropriato talvolta. E non puoi trovare una soluzione per quella insicurezza di base al suo stesso livello perché come persona sei vulnerabile, sei passibile di qualsiasi tipo di incidente, e morirai. Questo lo sappiamo. Non negare ciò che è reale a quel livello. Ma ora ci siamo anche svegliati al livello che è libero e sicuro. Ora possiamo vedere, trattenere, dare il benvenuto, ospitare quella sensazione di insicurezza all'interno di questa Sicurezza che non dipende da niente. Questo non è un modo per sopprimere o manipolare le sensazioni, è vedere dove si trovano le sensazioni. Tu sei lo Spazio nel quale accade quell'insicurezza. Verificalo. Il vedere non dissolve necessariamente la tua ansia immediatamente, per cui se stai portando la tua attenzione al Nulla per quanto riguarda quelle sensazioni di ansia e non se ne vanno via subito, sappi che non stai facendo niente di sbagliato. Rimani semplicemente con ciò che c'è. Quella è meditazione—l'attenzione nelle due direzioni. Questo è il senso pratico che è semplice e chiaro e questo lo puoi fare immediatamente. Non si tratta di negare ciò che senti o fingi di non sentire. Stai riconoscendo che c'è una buona ragione per cui ti potresti sentire in ansia. Ma ora stai riconoscendo che tu sei molto di più di quel sé umano vulnerabile. Tu sei lo Spazio in cui tutto sta accadendo. Non c'è nessuna vulnerabilità, nessuna ansia nello Spazio.

Roger: Riguardo a ciò che hai appena detto, Richard—che la vulnerabilità e l'insicurezza sono naturali. La Società ti dice che devi sentirti bene sempre e quando non accade, quando ti senti così, quando percepisci queste sensazioni naturali, c'è la tendenza a sentire che c'è qualcosa di sbagliato in me. Io mi rendo conto oggi che questa esperienza totale non riguarda il sentirsi bene, riguarda l'accettare qualsiasi cosa ci sia, nel momento presente—semplicemente portandoci attenzione senza giudicare. Solo osservandola, solo facendone una meditazione.

Richard: Attenzione da due lati.

Roger: Ed essa si trasforma.

Richard: È una continua scoperta, non è una prescrizione medica. È una scoperta. Ora avete la chiave per aprire quella Porta ed entrarci dentro e scoprire che cosa succede piuttosto che pensare a ciò che avete letto è a ciò che dovrebbe succedere, cercando di farlo accadere. No. Ora siete in possesso della Chiave Universale.

Quando arriva quella sensazione di insicurezza, usate la Chiave. Guardate la sensazione da questa Porta Aperta. Poi avventuratevi alla ricerca di ciò che accade mentre state sperimentando che di base siete al sicuro.

Roger: Ti toglie un sacco di tensione quando non si tratta di migliorare se stessi, quanto riguarda la scoperta di sé.

Richard: Un'avventura è molto più divertente di un programma.

Capitolo 10

Passione e Distacco

Carol: Le emozioni diventano meno intense quando realizzi che sei l'Uno? Non unisci la storia, la storia non è unita alle emozioni. Esse non sono così intense. Mi sento disconnessa, non più connessa. Richard: Penso che ognuno sia diverso. Io trovo che la mia vita sia diventata più intensa. Mi sento più passionale—nonostante io stia guardando, al contempo, da questa Libertà, da questo Distacco. È un paradosso. Quando vedi che sei stato creato Aperto e sei al Sicuro, puoi rischiare di più.

Henry: Non ho sentito quello che hai detto.

Richard: Fondamentalmente sei Aperto e al Sicuro, non è vero? Questo ti permette, come essere umano, di rischiare di più perché hai trovato la rete di sicurezza di chi realmente sei. Se non avessi avuto questa rete di sicurezza saresti diventato sempre più attento man mano che invecchiavi. Ma quando vedi chi realmente sei la tua vita si espande e diventa più profonda.

Barbara: Pensavo che avrei sentito le cose meno intensamente. Io sento le cose più intensamente ma reagisco in modo differente nei loro confronti. Per esempio se qualcuno che amo muore, le mie sensazioni al riguardo non saranno di meno. Non me ne importerà di meno. Ma la reazione e il modo in cui inquadri la storia relativa cambieranno con quella consapevolezza.

Diana: C'è meno sofferenza perché la accetti per quello che è. Non è che la percepisci meno profondamente, la percepisci in modo differente.

Richard: Sì, ben detto.

Capitolo 11

La Paura del Nulla

Eric: Sono arrabbiato perché non c'è nulla qui. Non c'è nulla qui. Sto tremando. È solo mente pura, semplicemente nulla. Ho ragione? Mi sento sopraffatto.

Richard: Penso di sapere di che cosa stai parlando. Talvolta ci si sente sopraffatti. Non so se questo può aiutarti ma in base alla mia esperienza è chiaro che questo Nulla è sempre pieno di qualcosa. Non è mai semplicemente Vuoto. Pertanto, quando diciamo Vuoto, in realtà dovremmo dire Vuoto-da-riempire-con-qualcosa. È la limitazione del linguaggio. L'esperienza di per se stessa è non-verbale. Quando mi guardi non vedi la tua faccia—e esattamente nello stesso tempo tu vedi la mia faccia. Quindi il tuo Nulla è sempre pieno di qualcosa, fino alle stelle. Ed è consapevole. L'idea della Vacuità fa paura ma la reale esperienza è che è piena e consapevole.

Eric: Sto vedendo che c'è il Nulla e io sto portando ogni cosa dentro di esso per fare in modo che sia a posto.

Richard: La cosa primaria è l'attenzione al modo in cui si presentano le cose piuttosto che al cercare di manipolare le cose perché vadano bene. Per me, il modo che è dato prima che io cerchi di modificarlo per sentirmi meglio è che non solo c'è Vuoto, ma che esso è anche Pieno. Quella modalità è data, che ti piaccia o no.

Eric: Ha importanza un modo o l'altro? Sto cercando di provare.

Richard: Molto bene. Sì, datti veramente una mossa. Non siamo qui per dare un messaggio di conforto fine a se stesso. Siamo qui per svegliarci al modo in cui le cose si presentano e poi ad accettare con umiltà il modo in cui le cose si presentano, per poi scoprire se funziona meglio vivere dalla verità piuttosto che da una bugia. Posso parlare con autorità solo secondo la mia propria esperienza. La mia esperienza è che questo Nulla è Pieno e non c'è nessuna linea di divisione tra questo Nulla e ciò che è contenuto in esso. Nel linguaggio sembra che ci sia un 'Nulla' e ci sia un 'qualcosa' ma nell'esperienza essi si fondono insieme. Non sono due cose. Io non trovo nessuna linea di divisione tra il Nulla e il Qualcosa.

Kevin: Tutto quello che esperimenti sei tu.

Richard: Ciò che stiamo facendo qui è dirigere la nostra attenzione verso quello che 'tu' sei. La società ti rimanda sempre di riflesso come appari, dicendoti che sei quello-nello-specchio, il che naturalmente è vero dal punto di vista della società.

Jennifer: Quello che io immagino nella mia mente, quello è come io appaio a me stesso.

Richard: Esattamente. Ma allora diamo una nuova occhiata a come appariamo veramente a noi stessi.

Capitolo 12

I Quattro Stadi della Vita

Ora vi suggerirò come l'esperienza dell'essere senza testa si adatti agli stadi di sviluppo delle nostre vite. Potenzialmente nelle nostre vite ci sono quattro stadi principali: il neonato, il bambino, l'adulto e il vedente.

Stadio Uno—Il Neonato

Nel primo stadio del neonato voi siete senza testa, liberi, Spazio per il mondo. Non avete ancora sviluppato la consapevolezza dei tre aspetti basilari del mondo—spazio, tempo e coscienza.

Spazio

Il vostro campo visivo è una specie di ovale, non è vero? Intorno ad esso non potete vedere niente. Se guardate qualcosa, la cosa che state guardando è nel centro del campo visivo, È quella più a fuoco. Poi, man mano che diventate consapevoli del resto del Campo Visivo, gli oggetti diventano sempre più vaghi finché non riuscite a vedere nulla. Sto parlando del vostro reale campo visivo. Questa Visione, il vostro Occhio Singolo, è tutto quello che conoscevate quando eravate neonati. Da neonati non si ha ancora concetto delle cose che esistono oltre il bordo del Campo Visivo, qualsiasi esse siano—per esempio il soffitto. Non siete ancora consapevoli delle cose esistenti al di là del bordo sinistro della Visione, del bordo destro, sotto la Visione o 'al di là di voi'. Non immaginate nulla 'al di là di voi'—un muro per esempio. Tutto ciò che vedete 'al di là di voi' è il Nulla. Il solo spazio fisico che esiste per voi è ciò che vedete veramente—la Visione, appesa là nel Nulla. Non avete nemmeno un'idea di una testa là dove siete, di un corpo proprio nel vostro Centro. Siete trasparenti. Quando qualcuno vi passa accanto, questo qualcuno non passa accanto a 'voi'—questo qualcuno svanisce nel Grande Vuoto. Poi qualcun'altro appare magicamente uscendo dal Grande Vuoto! Fate cadere il vostro giocattolo ed esso sparisce oltre il confine del mondo, nel Grande Abisso. Poi vostra madre lo recupera dal non-essere assoluto! Pre-verbalmente, non pensavate in questi o in altri termini. Ovviamente io sono un adulto, un vedente, che descrive questa esperienza, ma la mia propria consapevolezza, ora, dello Spazio dove io sono in grado di comprendere la mia esperienza come neonato, fondamentalmente non è cambiata per nulla. Sono lo stesso Spazio senza testa ora come lo ero allora—la Visione fluttua ancora nel Nulla. Anche se come adulto io 'conosco' il resto del mondo che non posso vedere, il mio sapere non cambia l'esperienza essenziale di essere senza testa, di essere libero.

Tempo

Anche l'idea del tempo, del passato e del futuro, è un concetto che non avevate ancora sviluppato. Eravate consapevoli solo dell'adesso, di questo momento presente—né del prima né del dopo, ma solo di quello che sta succedendo ora, solo ora e ora e ora. Di nuovo, la mia stessa consapevolezza, come vedente, del fatto che il mio Essere non è nel tempo, mi permette di comprendere la condizione senza tempo che avevo sperimentato da neonato.

Coscienza

La consapevolezza di 'sé' e degli 'altri' accade contemporaneamente. Per diventare consapevole di me stesso devo sviluppare la capacità di mettermi nei vostri panni e vedere 'me stesso' attraverso i vostri occhi—perché il mio aspetto non esiste qui nel mio Centro, esso si manifesta a una certa distanza negli 'altri'. Da neonato non avevo ancora sviluppato questa abilità di uscire da me stesso, di girarmi e guardare indietro verso di me. Quando guardo qualcuno non vedo ancora me stesso dal suo punto di vista. Non comprendo ancora che c'è una coscienza separata laggiù in quel corpo, in quella testa, che guarda verso l'esterno, attraverso quegli occhi, il mondo e 'me'. Non ho ancora l'idea che sta guardando, sentendo, pensando. Sto sperimentando 'gli altri' semplicemente come apparenze nella mia

Consapevolezza. 'Gli altri' non sono più consci di quanto lo sia il pavimento. Non penso ancora a un 'tu' laggiù in quel corpo che 'mi' guarda in un corpo presente qui. Poiché non vi sentite osservati, il vostro guardare è inconsapevole. Se ora ognuno di voi fosse un neonato e se vi mettessimo qui nel mezzo di un cerchio di persone, non vi sentireste guardati da venti persone. Nessuno di quegli occhi ha ancora acquisito la consapevolezza di guardarvi e di giudicarvi. Dunque non avete ancora pensieri riguardo agli altri che vi guardano, nessuna reazione che si verifichi sulla base dell'idea che vi stanno guardando. Qualsiasi siano le sensazioni che provate, non sono ancora chiuse nella 'scatola' della vostra 'testa'—esse stanno fluttuando in giro nella stanza, per meglio dire nell'aria. State semplicemente guardando in modo inconsapevole. Dopo aver fissato una faccia potreste poi guardare un'ombra sul muro al di là di quella faccia ed è ugualmente interessante. L'ombra non è meno viva della faccia. La spontaneità del vostro comportamento non ha restrizioni dovute a qualche pensiero riguardante che cosa potrebbero pensare gli 'altri'.

Avete iniziato la vostra vita in questa condizione, come questo Spazio-completamente-aperto. Non eravate ancora nel mondo, il mondo era dentro di voi. Né eravate ancora nel tempo. E neppure eravate ancora un 'sé' tra gli altri 'sé'—il mondo non era ancora suddiviso in questo modo. In un certo senso esisteva solo la vostra Consapevolezza—non avevate ancora appreso che c'erano gli 'altri'. Voi come Uno non eravate ancora diventati 'uno-fra-tanti.'

Contagiosa

Continuate a immaginare che siete un neonato. Siete lo Spazio in cui ognuno si manifesta. Non siete consapevoli di voi stessi. Vi sperimentate essere in libertà, Aperti. Quando guardate qualsiasi faccia accogliete quella faccia senza essere consapevoli di voi stessi. Trasmettete la vostra Apertura a ognuno intorno a voi. La vostra Apertura è contagiosa. Date a ognuno presente intorno a voi, non-verbalmente, il permesso di essere Aperto, senza alcuno sforzo, senza bisogno di parole. Da adulti potreste passare dal parlare a una madre al fare le smorfie al suo bambino. Iniziate a parlare 'il linguaggio dei bambini piccoli'—'Goo, goo'. Poi vi rivolgete di nuovo dalla madre e riprendete la vostra conversazione da adulto—'Ha un bambino adorabile!' Siete semplicemente passati da uno stadio di consapevolezza ad un altro per ritornare al precedente. Quindi ritornate al bambino e perdete di nuovo la testa—perché il bambino, per se stesso, non ha una testa, per lui non c'è nessuna barriera. Una delle ragioni per cui le persone amano stare con i bambini è perché la loro Apertura le cattura. Quando guardate i bambini piccoli, essi vi invitano ad essere senza testa insieme a loro. Il bambino piccolo vi contagia con la sua Apertura. Non-verbalmente il bambino piccolo vi sta dicendo, 'Sono senza testa, sono completamente aperto, vieni a raggiungermi, vieni e sii senza testa con me.' Poiché per se stesso non ha nessuna faccia, non si sente guardato da voi. Vi guarda ma non capisce ancora che i vostri occhi stanno guardando. Non si sente sotto controllo. Non è consapevole di se stesso, è un invito a lasciarvi cadere nell'Apertura insieme a lui. Siamo tutti nati in questa condizione contagiosa—trasmettendo l'Apertura.

Lo Specchio

Guardate nello specchio sul Cartoncino. Immaginate di essere un neonato e là vedrete la faccia di un neonato—la vostra faccia di quando eravate un neonato. Ma quello non siete voi. Non potete essere voi perché è laggiù e voi siete qui! E quello è piccolo mentre voi siete senza confine—non siete per niente così! Non avete ancora indossato quella faccia qui nel vostro Centro. Se vostra madre sta guardando nello specchio insieme a voi allora là voi vedete due facce ma non pensate che una di quelle è la vostra. Nessuna di loro ha niente a che vedere con voi.

Sensazioni

Voi non pensate ancora alle 'sensazioni del vostro corpo' dentro un corpo qui, separato dal resto del mondo là—non sapete ancora cosa signifchi 'dentro' e 'fuori'. Prima di aver imparato ad immaginare la vostra faccia e il vostro corpo qui nel vostro Centro, le vostre sensazioni non appaiono contenute dentro qualcosa. Esse fluttuano in giro per la stanza, sono libere nello Spazio, per meglio dire 'nell'aria'. Siate consapevoli della sensazione della vostra fronte. Non potete vedere la vostra fronte. In base all'evidenza del momento presente che larghezza ha quella sensazione? Per un neonato potrebbe essere larga quanto la stanza! Dov'è? È piuttosto difficile posizionarla— da qualche parte vicino al ventilatore? Di che colore è? Nessuna idea. Quando, da neonati, guardate la faccia di qualcuno, percepite le vostre sensazioni 'qui' ma non le pensate dentro una 'faccia' qui che vi separa dalla persona là. Sia le sensazioni che la faccia della persona nascono insieme nello Spazio. Lo stesso vale per la vostra esperienza dei gusti, degli odori e dei suoni—essi non si trovano né dentro né fuori di voi. Tutto ciò che sperimentate nasce nello Spazio che voi siete.

Stadio Due — Il Bambino

Nel secondo stadio del bambino vi muovete di più, per cui siete sempre più in grado di esplorare il mondo da soli. Ed iniziate a capire il linguaggio, quindi iniziate a fare vostro il modo in cui gli adulti vedono il mondo. L'infanzia è il periodo di transizione tra il neonato che è inconsapevole del 'sé' e degli 'altri' e l'adulto che è convinto che lui o lei sono un 'sé' separato in una società di 'altri'.

Da bambini iniziate a identificarvi con quello-nello-specchio— state imparando a indossare la vostra apparenza umana, a diventare responsabili della persona che vedete là. Contemporaneamente iniziate a capire che gli 'altri' sono reali. Sta accadendo un importantissimo cambiamento—la transizione all'essere una persona separata invece che lo Spazio che contiene ogni cosa, e la transizione al vedere anche gli altri separati e consapevoli e non semplicemente 'un'immagine-nella-Consapevolezza'. Vi state unendo al 'club degli esseri umani' la cui quota di ingresso corrisponde all'accettare che siete la vostra apparenza e che gli altri sono reali.

Insieme a questa crescente consapevolezza di sé e degli altri c'è una crescente consapevolezza di spazio e tempo. Mentre iniziate a vedere voi stessi da fuori, iniziate a vedere voi stessi posizionati contro uno sfondo, e questo sfondo cresce man mano che aumenta la vostra conoscenza del mondo—dal più immediato sfondo della stanza (nel quale gli altri vi vedono inseriti) alla vostra città, alla vostra nazione, al vostro pianeta, alla vostra stella... Imparate a posizionare la vostra Visione reale, che non ha nessuno sfondo, entro degli sfondi sempre più vasti, colorandoci dentro, per meglio dire, ciò che c'è al di là del bordo del vostro campo visivo. Ora 'sapete' che cosa c'è sopra e sotto la vostra Visione, o a sinistra o a destra, o 'al di là di voi'. Ora 'sapete' anche quello che è accaduto prima di questo memento presente e quello che potrebbe accadere dopo—il passato e il futuro. State imparando a collocare voi stessi nel tempo.

Lo Specchio

Da bambini scoprite qual è il vostro aspetto, in che 'scatola' siete rinchiusi, dentro quale corpo vi trovate. Tenete nuovamente il Cartoncino alla distanza di un braccio e guardate nello specchio. Anche se da neonati vedevate la faccia là fuori nello specchio, ora state attraversando il processo di apprendimento in base al quale il neonato là è 'in realtà' dal lato del vostro braccio più vicino al vostro Centro. State imparando a indossare quella apparenza, a indossare quella faccia come se indossaste una maschera.

Ci sono trucchi che potete fare e che vi vengono insegnati tramite lo specchio, che vi permettono di indossare la vostra faccia e diventare una persona, un membro del 'club degli esseri umani'. Immaginate di fare quanto segue—entrate nello specchio, afferrate la faccia che c'è là e tiratela fuori dallo specchio verso di voi. Stiratela in modo che diventi più grande—essa è veramente troppo piccola. Poi rovesciatela da dentro a fuori come una maschera di gomma perché essa è rivolta dal lato sbagliato. Quindi indossatela proprio—infilatela sul vostro Nulla centrale. Oltre a immaginare di inserire la vostra faccia qui nello Spazio, dovete anche immaginare di inserire l'immagine del vostro intero corpo qui nello Spazio.

Jennifer: Specialmente le donne.

Richard: In un modo diverso dagli uomini forse ma anche gli uomini lo fanno totalmente. Lo dovete fare. Da bambini scoprite attraverso gli altri e lo specchio chi siete nella società. Prendiamo tutti quella identità e ce la mettiamo addosso come fosse un vestito. Quando sei neonato, gli adulti guardano nello specchio insieme a te e ti dicono che quel neonato sei 'tu'. Il compito dell'adulto è quello di insegnare al neonato ad indossare quell'aspetto. La crescita comporta lo sviluppo dell'abitudine di immaginare quell'apparenza nel vostro Centro—il vedere voi stessi così come vi vedono gli altri. Voi ignorate sempre più lo Spazio fino a sopprimerlo, questa indivisa Consapevolezza che siete voi.

Unire l'immagine alla sensazione

Quando guardate qualcuno, la loro faccia, state allo stesso tempo imparando ad immaginare la vostra propria faccia. State imparando ad essere faccia-a-faccia con gli altri. Questo include l'imparare a rivestire le invisibili sensazioni che percepite 'qui' con l'immagine della vostra faccia.

Guardate nello specchio e toccatevi il mento. Siate consapevoli della sensazione del vostro mento nello stesso momento in cui guardate l'immagine del vostro mento nello specchio. Io provo la sensazione che chiamo il mio mento da qualche parte qui ma non riesco a vedere il mio mento qui—è una sensazione senza un'immagine. Nello specchio vedo l'immagine del mio mento ma non percepisco nessuna sensazione là. Per cui vedo l'immagine là nello specchio ed esperimento la sensazione qui da qualche parte. Durante il periodo neonatale e l'infanzia imparo ad immaginare di trasferire quell'immagine là nello specchio all'invisibile sensazione presente qui. Nel processo devo rovesciala da dentro a fuori e allargarla—così che sia dal lato giusto e sufficientemente grande. Sto imparando a pensare e agire come se l'immagine del mio mento fosse qui. Benché io non la veda qui, 'so' che è qui.

Smettete di guardare nello specchio ma continuate a toccarvi il mento. Voi non vedete più il mento. Da bambini dovete imparare a tenere a mente l'immagine del vostro mento di modo che la sensazione si rivesta dell'immagine anche mentre non state guardando nello specchio. State imparando a indossare la vostra faccia tutto il giorno. Toccate la vostra nuca. Benché non vediate la vostra nuca, ne avete un'immagine. Da bambini probabilmente avevate visto fotografie di voi stessi da dietro o avevate visto gli altri che si toccavano la testa—da queste osservazioni avete appreso a rivestire la sensazione con l'immagine. Ovviamente questa è una cosa intelligente da fare, altrimenti sbattereste la testa sulle basse porte di ingresso!

Da bambini impariamo che cosa siamo per gli altri, in che 'scatola' siamo chiusi, in che corpo siamo contenuti. Là c'è lo specchio— quello è il vostro corpo, abitatelo!

Empatia

Imparare a fare la mappa dell'immagine del vostro corpo in base alle sensazioni significa che poi potete relazionarvi con gli 'altri'. Io ora vi sto guardando e contemporaneamente immagino la mia faccia qui, rivestendo le sensazioni che provo con un'immagine. Poi eseguo un simile processo in termini di comprensione della vostra esperienza. Vedo la vostra faccia ma non esperimento nessuna sensazione qui, ma poiché qui ho imparato ad attaccare un'immagine della mia faccia alle sensazioni, ora immagino le vostre sensazioni là nella vostra faccia. Questo significa che posso immaginare o enfatizzare ciò che percepisco. Quindi quando voi sorridete so che cosa si percepisce perché ho visto l'immagine della mia faccia sorridente nello specchio e sono consapevole delle sensazioni che sono presenti con quel sorriso qui nello Spazio. Poiché so che cosa si percepisce qui quando sorrido, posso immaginare la sensazione del vostro sorriso là dentro di voi. Senza la capacità di trasferire l'immagine nello specchio alla sensazione presente là dove voi siete, non sareste in grado di essere in empatia con gli altri. Quando mi vedete sorridere sapete che cosa si percepisce perché anche voi avete sposato l'immagine del sorriso nel vostro specchio con le sensazioni che percepite nello Spazio—quindi quando mi vedete sorridere è quasi come se voi sentiste il mio sorriso. Non state sentendo il mio sorriso, siete in 'empatia' con me. State immaginando voi stessi nei miei panni—nella mia testa, nel mio corpo.

Immaginate di essere un neonato e che vostro fratello sia seduto vicino a voi. A voi piace dargli dei pizzicotti perché lui salta e fa delle facce buffe! È divertente da guardare. Finché non lo fa a te. Fa male! Ed egli dice, 'Questo è quello che si sente. Ogni volta che lo fai a me io lo farò a te.' Tu la smetti subito di pizzicarlo. In quel momento avete imparato che lui prova sensazioni nel corpo. Prima quindi non avevate sviluppato nessun senso riguardo a quello. Dopo questa esperienza, questa 'lezione', ancora non potete sentire quello che sente qualcun'altro ma ora accettate il fatto che essi stiano percependo qualcosa. La stessa cosa vale per il vedere. Non avete la prova diretta che gli occhi in tutte quelle teste nel cerchio di persone possano vedervi. Per quanto ne sapete sono solo 'immagini-nella-consapevolezza'. Ma man mano che crescete imparate che quelle persone vi stanno guardando perché vi dicono che esse ci sono. Vi dicono che possono vedervi. E vi dicono che possono vedere i vostri occhi e che voi state guardando verso fuori con i vostri occhi—i vostri due occhi—per meglio dire. Esse insistono che voi non state guardando da una sola Apertura senza confine, da un Occhio Singolo, state guardando da due piccole 'finestre'. Vi dicono anche che i vostri pensieri sono dentro la vostra testa.

Una Mente Separata

I soli pensieri che abbiate mai sperimentato sono i vostri. In base all'evidenza del momento presente dove si trovano i vostri pensieri? Non potete vedere la vostra testa per cui non siete in grado di vedere un contenitore che li contenga nel vostro Centro. Non c'è nulla là per poterli contenere. Potreste dire che essi sono liberi nella stanza, non è vero? Essi stanno fluttuando nell'aria. O potreste dire che sono presenti nella Consapevolezza, nello Spazio—che contiene anche la stanza. Quando eravate neonati e bambini piccoli avevate sperimentato le vostre reazioni fuori nella stanza. Esse facevano parte della vostra visione fuori. Le vostre emozioni e le sensazioni del vostro corpo erano libere. Crescere significa dentro di voi, qui nella vostra testa, nel vostro corpo—perché la società vi dice che la vostra 'mente' è nella vostra testa, le vostre emozioni sono nel vostro corpo. Quando fate vostra l'idea che i pensieri sono dentro la vostra testa allora fate vostra l'idea che anche le altre teste debbano avere dentro dei pensieri.

Da bambini piccoli non siete ancora consapevoli delle altre menti. C'è un test che fanno gli psicologi per vedere se il bambino piccolo è maturato allo stadio in cui accetta la 'realtà' delle altre menti. Lo psicologo prende una scatola piena di matite e mostra al bambino che cosa c'è nella scatola. Immaginate di essere il bambino piccolo. Quello che vedete nella scatola sono le matite. Poi lo psicologo chiude la scatola per cui ora voi non vedete le matite, ma naturalmente esse sono là dentro. Poi arriva qualcuno nella stanza e lo psicologo vi chiede, 'Quella persona sa cosa c'è nella scatola?' Voi dite, 'Sì.' Voi sapete che cosa c'è nella scatola per cui presumete che tutti lo sappiano. Per quanto vi concerne l'idea delle matite dentro la scatola è là fuori nella stanza, nell'aria, è una conoscenza comune, un fatto pubblico. Siccome voi lo sapete, tutti lo sanno. Sei mesi dopo lo psicologo vi sottopone allo stesso processo. La scatola è chiusa ma voi sapete che questa volta dentro ci sono dei blocchetti colorati. Poi qualcuno entra nella stanza e vi viene chiesto se quella persona sa che cosa c'è dentro la scatola. 'Naturalmente no.' rispondete voi. La vostra risposta dimostra che avete acquisito l'idea che ci sono altre menti nella stanza. Ora state acquisendo il punto di vista che voi siete dentro la vostra testa, dentro il vostro corpo, e che gli altri non sono in grado di vedere che cosa state pensando e sentendo. I vostri pensieri non sono 'là fuori' nel mondo dove tutti possono vederli, essi sono nascosti dentro la vostra testa—la vostra testa che voi siete convinti sia là nel vostro Centro. Dunque ora la vostra 'mente' è privata. La vostra conoscenza riguardo ai blocchetti colorati è 'vostra', è 'nella vostra testa'. Ora state cominciando ad avere una 'vita interiore' che è solamente vostra, alla quale nessun altro ha accesso. State iniziando a rendervi conto che voi potete avere dei segreti o persino dire bugie perché nessuno può vedere i vostri pensieri. State iniziando a realizzare che voi siete separati. Contemporaneamente state iniziando a capire che gli 'altri' sono nelle stesse condizioni—essi sono dentro i loro corpi e voi non potete vedere quello che stanno pensando e sentendo. Essi sono separati come voi.

Identità Flessibile

Essere dentro il vostro corpo, diventare un individuo separato, è una cosa che si impara. Non siete nati in un corpo, non siete nati separati. Dovete imparare a conoscere il vostro corpo e ad entrarci dentro per agire come se voi foste quel corpo. Da bambini scoprite in quale corpo siete rinchiusi—imparate che gli altri vedono che voi siete, chi siete nella società. Ma voi continuate a dimenticare—a dimenticare che siete quello-nello-specchio. Avete bisogno che vi si ricordi che voi siete dentro quel corpo, che siete separati, che ci sono altre menti, che ci sono 'altri'. 'Non siete il solo qui! Non siete al centro del mondo. Il mondo non ruota intorno a voi!' Ma voi continuate a scordarvelo. La vostra posizione predefinita è che c'è solo una mente—la vostra; un campo unico di sensazioni corporee— il vostro; una sola consapevolezza—la vostra. La vostra posizione predefinita è essere consapevoli della vostra apparenza, essere aperti verso il mondo—vivere inconsapevolmente dalla vostra Apertura originale. Perché ci vuole tempo per imparare che voi siete in quel particolare corpo che vedete nello specchio, da bambini piccoli potreste semplicemente essere in qualsiasi 'corpo'. Per cui è facile a pari misura essere un treno o un'automobile o un leone tanto quanto essere un bambino o una bambina. E molto più divertente! Sperimentate diverse identità. Spesso dimenticate di essere chiusi in qualche 'scatola' o proprio nel corpo e andate in giro 'senza testa' e 'senza corpo'! Questo è uno stadio molto libero, aperto, spontaneo, creativo, giocoso della vostra vita.

Contagioso

In qualunque stadio di consapevolezza ci troviamo, esso è altamente infettivo. Sappiamo quanto sia contagiosa la consapevolezza del neonato—se qui avessimo un neonato esso direbbe non-verbalmente ad ognuno di noi qui presente, 'Sono senza testa, voi siete senza testa.' Questo lo percepiremmo tutti, reagiremmo in base a questo. È difficile resistere all'Apertura di un neonato. Se qui avessimo un bambino anche lui trasmetterebbe non-verbalmente la sua consapevolezza ma comunicherebbe qualcosa di diverso rispetto al neonato: 'Sto cercando di essere dentro un corpo ma non sono ancora riuscito ad entrare in un corpo particolare—entro ed esco dal mio stato di libertà, la mia flessibilità. Vi lascerò fuori da quella scatola umana nella quale state—ora potete essere qualsiasi cosa. Durante questo tempo che passiamo insieme sperimentiamo il fatto di essere qualsiasi specie di cosa e possiamo essere qualcosa di diverso ogniqualvolta lo desideriamo.' Il bambino vi dà il permesso di inventare qualsiasi cosa a vostro piacimento. Di essere qualsiasi cosa. Questa flessibilità e libertà è qualcosa che conoscete bene perché un tempo siete stati bambini anche voi.

Se qui ci fosse un bambino e durante la pausa caffè vi chiedesse di giocare con lui ad essere dei treni, vi sentireste a vostro agio nel mettervi per terra ed essere un treno. Tutti gli altri adulti capirebbero. Il bambino vi darebbe, a voi adulti, il permesso di essere un treno. Ma finita la pausa e il bambino volesse giocare ad essere qualcos'altro voi smettereste di essere un treno. Se voi continuaste ad esserlo per conto vostro, più di qualcuno aggrotterebbe la fronte!

Comunicazione in due direzioni

Tutte le comunicazioni sono bilaterali. Io sono in voi e voi siete in me. Contemporaneamente come all'adulto viene dato il permesso di essere un bambino, di essere contagiato dalla fluidità e dall'Apertura del bambino, l'adulto insegna al bambino ad abbandonare l'Apertura di base e ad identificarsi con quello-nello-specchio—per diventare adulto. Mentre il bambino mi dà il permesso di essere un treno, io inevitabilmente comunico al bambino che, 'Questo è solo un gioco, non è reale, è una finzione. Non sei un treno. La 'realtà' è che sei un bambino o una bambina che gioca ad essere un treno.'

Comportatevi bene

Immaginate di essere un bambino che sta correndo in giro credendosi un aeroplano—per quanto vi concerne voi state volando. Il motore del vostro jet sta facendo un sacco di rumore. Ma in giro ci sono degli adulti che non stanno giocando con voi. Voi andate a sbatter contro uno di loro e questo è seccato ed infastidito da voi: 'Comportati bene!' Improvvisamente siete messi di fronte al fatto che non siete 'realmente' un aeroplano, siete un bambino, una persona. In quel momento vi trasformate dall'essere un aeroplano all'essere un bambino piccolo o una bambina piccola. Smettete di girare intorno—smettete di volare. Non siete più un rumoroso aeroplano. Ma qualche attimo dopo vi siete dimenticati di essere un bambino e siete nuovamente un aeroplano…

Finché l'adulto non vi dice di nuovo di 'comportarvi bene' e voi nuovamente vi trasformate in un corpo umano. Siete nuovamente diventato cosciente di voi stessi—consapevoli di essere una persona. L'infanzia è un periodo di apprendimento in cui state sperimentando l'abitare un corpo. Non siete ancora legati al corpo-nello-specchio, così sperimentate l'essere contenuti in diversi corpi.

Abbandonare la vostra apertura

Ma sempre più, man mano che passa il tempo, vi assestate dentro il corpo che la società vi sta dicendo che è vostro. Sempre più non fate caso, vi dimenticate o rinnegate il vostro essere senza testa, la vostra Apertura originaria.

È di vitale importanza che abbandoniate la vostra Apertura e che vi prendiate a carico un corpo—il corpo nello specchio. Dovete giocare al gioco di avere una faccia—il Gioco della Faccia—e dovete imparare a giocarci così bene che non rimane più un gioco ma diventa 'realtà'. Altrimenti non ci sarebbe nessuna possibilità per voi di funzionare nella società—probabilmente avreste bisogno di cure istituzionali. Ma in effetti siete contenti di fare questo 'gioco'. Volete 'giocare', volete unirvi, non volete essere esclusi. Questo è l'unico 'gioco' che ci sia. Non volete rimanere 'un bambino', volete 'crescere'.

Angela: Ci sono stati momenti nella mia infanzia che uno psicologo prenderebbe in considerazione come esperienze traumatiche. Mi ricordo alla scuola materna una bambina che correva vicino a me e che era venuta a sbattere contro di me. Mi aveva colpito sul naso e mi faceva male. Ma prima di quel momento penso di essere stata nella condizione senza testa. Penso che il trauma non sia stato causato dalla bambina che mi aveva colpito e mi aveva fatto piangere. Penso che il trauma fosse l'essere stata messa k.o. da quello stato di essere senza testa.

Richard: Questo ha senso. Tutti noi passiamo dal trauma di essere nello stato senza testa a quello 'dell'avere una testa'. Tutti noi regrediamo dallo stato di essere Nulla e Tutto allo stato di essere una piccola cosa.

Credere negli altri

Kevin: Tu dici che quando ti sviluppi, allora comprendi che le altre persone pensano. Io penso che questo tu non lo capisca, ci credi.

Richard. Sì, io ci credo.

Kevin: Sviluppi un sistema di credenze. Io non comprendo che stai pensando, continuo a sviluppare un sistema di credenze secondo il quale c'è qualcuno là che mi sta guardando. Ma io questo non lo so. Non lo so per niente. C'è una specie di barriera che fa in modo che io non sappia mai che cosa stai facendo o persino se sei effettivamente là. Noi sviluppiamo un sistema di credenze più che una comprensione. Ci potrebbe anche essere una mancanza di comprensione.

Richard. Sì. Capisco cosa intendi dire!

Kevin: Lo so! [Risata]

Richard: Sì! Ma se non prendi in considerazione quella credenza non puoi unirti alla società, perché le persone non sarebbero altro che 'immagini-nella-consapevolezza e non ci sarebbe nessuno qui o là. In quel senso saresti da solo e la 'società' non sarebbe altro che un'idea. Non avrebbe nessun significato per te.

Stadio Tre—L'Adulto

Nel terzo stadio dell'adulto io mi identifico profondamente con quello-nello-specchio. Il segnale che siete un adulto è dato dal fatto che quando guardate nello specchio non ci pensate due volte riguardo al fatto che quello siete voi. Voi sapete che siete voi. Io credo profondamente di essere ciò che appaio, che sono quello che vedo nello specchio, che al Centro, a una distanza zero, io sono ciò che voi vedete da diversi metri di distanza. Accettando di essere faccia-a-faccia con gli altri, io 'so' di essere separato da ognuno di essi.

Contagioso

Anche questo stadio è contagioso. Quando credo e agisco come se io fossi chiuso qui in un corpo, allora tratto voi come se voi foste nella stessa condizione laggiù. La 'verità' sottintesa dalla quale vivo è –'Io sono dentro un corpo, voi siete dentro un corpo.' L'esperienza del neonato è—'Io non sono dentro un corpo, voi non siete dentro un corpo.' Il bambino—'Io non sono ancora sicuro dentro quale corpo sono. Venite e siate qualsiasi cosa desiderate essere insieme a me.' L'adulto—'Io sono qui dietro una faccia e voi siete là dietro una faccia.' Vedendo me stesso in questo modo, vedo voi nello stesso modo—e voi accogliete il mio messaggio. Quando vi guardo, voi sentite di essere guardati da me. Io vi comunico che cosa vedo che voi siete. Vi dico tramite tutti i tipi di segnali verbali e non verbali che voi siete una cosa, una persona. Voi, non solo accogliete il mio messaggio, ma me lo rimandate anche indietro. Quando mi guardate anche io mi sento guardato—sono consapevole di me stesso come persona ai vostri occhi. Voi dovete solo guardare qualcuno e comunicherete loro che voi siete una persona e che essi sono una persona. Ora noi ci sosteniamo a vicenda, aiutandoci uno con l'altro a mantenere la nostra consapevolezza di o la nostra identificazione con ciò che appariamo. Ci diciamo l'un l'altro, 'La mia consapevolezza è qui dietro la mia faccia, la vostra consapevolezza è là dietro la vostra faccia. Siamo faccia-a-faccia, siamo separati. Le mie sensazioni sono contenute nel mio corpo, le vostre sensazioni sono nel vostro corpo. I miei pensieri sono qui nella mia testa, i vostri pensieri sono là nella vostra testa.' Nel terzo stadio dell'adulto avete fatto un lungo cammino da quando eravate un neonato e non avevate sviluppato il senso di voi stessi e degli altri.

Negazione di chi realmente siete

Nell'età adulta la mia profonda accettazione della realtà del sé e degli altri è accompagnata dalla negazione della realtà della mia Spaziosità, di chi realmente sono. Se qualcuno fa riferimento all'essere senza testa, come adulto io rifiuto l'idea. 'Che cosa significa che sono senza testa? Che sono matto! È naturale che ho una testa! Sono una cosa qui, non un Nulla. So che non posso vedere niente qui ma so che la mia testa è qui.'

La Paura di non esserci

Quando siete adolescenti e state cercando chi siete nella società, l'ultima cosa che vorreste è essere nessuno—voi volete essere qualcuno. Non volete essere tagliato fuori. Non volete essere l'ultima scelta di una squadra. Abbiamo bisogno dell'appartenenza, abbiamo bisogno di essere accettati, non vogliamo essere rifiutati. Per cui l'idea di essere un nulla, di essere una non-identità, un nessuno, un perdente, è vista come la peggior cosa possibile. Non sapendo che cosa dire, mancandoci le parole, non sapendo chi siamo o di che cosa siamo capaci—abbiamo paura di queste cose. Dovete trovare chi siete, andare avanti dando il meglio di voi, muovendovi velocemente, evitando di perdere tempo. Capiamo questa corsa all'essere qualcuno. Essa è appropriata e salutare mentre stiamo crescendo per poterci sviluppare, diventare qualcuno, avere successo.

Ma non ci deve sorprendere se dentro di noi si annida la paura di scivolare e ruzzolare dentro l'abisso, il buio del nostro Centro—il Nulla dal quale cerchiamo in tutti i modi di allontanarci. E, che ci pensiamo o meno, sappiamo che alla fine moriremo, che tutto quello che abbiamo raggiunto e siamo diventati svanirà. Se grattiamo la superficie abbastanza profondamente, il non-essere tornerà a guardarci con un occhio minaccioso.

Quanto di meglio si può ottenere

La società ci dice che il terzo stadio dell'adulto è la fase di sviluppo finale. Questo è tutto quello che riguarda la vita—crescere significa scoprire chi siamo come individui (non avete nessuna scelta riguardo al come siete nati), e poi prendersi la responsabilità per quella persona. Secondo la società questo è, più o meno. Non c'è un altro stadio nel senso che non potete diventare qualcos'altro, non potete radicalmente cambiare la vostra identità. Questo è quanto. Questo è quello che di meglio si può ottenere. Ora il vostro compito è quello di sfruttare al meglio le carte che avete pescato. E poi morirete! Qui siamo in un centro Buddista—dobbiamo introdurre l'argomento della morte! Ora che mi identifico con quello-nello-specchio, quando lui morirà, io morirò. E questo è quanto. Secondo la visione della società, me ne sono andato. Alla fine tutto quello che ho di caro si trasforma in polvere. Non si può comprendere se non ne vedo il significato, lo scopo della vita. Cos'è tutto questo?

Stadio Quattro—Il Vedente

Ma il terzo stadio dell'adulto non deve esse la fine della storia. Potenzialmente potete passare al quarto stadio del 'vedente'—essere una persona e essere l'Uno che contiene ogni cosa. Questo significa crescere completamente, diventare completamente maturi. Non siete completamente cresciuti finché non vi risvegliate all'essere l'Uno.

Sotto mentite spoglie

Ora siete consapevoli sia del vostro aspetto che della vostra Realtà.

Siete l'Uno, ma siete l'Uno sotto mentite spoglie. Perché ridete? Graham: È vero! Richard: Sì, siete l'Uno sotto mentite spoglie come Graham. Sotto sotto sai che sei l'Uno—non sei Graham, sei tutti gli altri! Ma ancora ti prendi la responsabilità per Graham e agisci come se tu fossi Graham. Sei tutti e due. Noi stiamo condividendo un segreto perché da fuori nessuno vede la tua Natura di essere senza testa. Si tratta di un'esperienza privata. È un segreto. Nonostante ciò ognuno di noi esperimenta questo chiaro Spazio aperto dove ognuno di noi è—per questo stiamo condividendo questo segreto. Anche se io mi sto manifestando come Richard e tu ti stai manifestando come Graham, entrambi ora siamo consapevoli di essere l'Uno. Condividiamo questo meraviglioso segreto.

È come un Re nel suo regno, sotto mentite spoglie. Nel terzo stadio non vi rendevate conto di essere il Re per cui questo non era il vostro regno e questi non erano i vostri sudditi. Ma ora, benché vi siate risvegliati all'essere il re, o la regina, l'Uno, apparite ancora come una persona ordinaria. Nessun altro può vedere che siete l'Uno. È divertente che le persone non sappiano chi realmente siete. A parte che lo sanno! Lo sanno e non lo sanno. Ma voi continuate a portare avanti il vostro personaggio. Siete sotto mentite spoglie. Siete l'Uno sotto le spoglie di una persona.

Contagioso

Nel terzo stadio sottoscrivete la credenza, 'Io sono in un corpo, voi siete in un corpo.' Questo è altamente contagioso. Io vi sto trasmettendo non-verbalmente, 'Io sono in un corpo, voi siete in un corpo, noi siamo separati, siamo faccia-a-faccia.' Nel quarto stadio siamo consapevoli di essere senza testa, che non siamo in un corpo. Questo quarto stadio è contagioso tanto quanto gli altri stadi. Nel momento in cui siete consci di chi realmente siete, state trasmettendo la vostra Realtà di essere senza testa, a voce alta e chiaramente, chiunque sia intorno a voi. Non potete sbagliarvi nel trasmettere quella Consapevolezza. Contemporaneamente siete ancora consapevoli che per gli altri voi siete dentro un corpo e vi identificate con il vostro corpo. Quindi stanno succedendo due cose—siete consapevoli di avere un'identità bilaterale. Non regredite allo stato del neonato che è senza testa ma non è consapevole di se stesso come essere separato. Ora siete consapevoli sia della vostra Realtà che della vostra apparenza. Da un lato siete consci che il vostro 'piccolo sé' è là fuori nel 'film', è uno dei personaggi. Dall'altro lato qui c'è lo Spazio aperto dove voi vi siete liberati del 'piccolo sé'. Ancora vi identificate con il vostro aspetto, ne sono sicuro. Io lo faccio. Ma questo va bene, fa parte del 'film'. Ora state trasmettendo entrambe le identità—'Io sono una persona e non sono voi e voi siete una persona e non siete me, io sono Spazio per voi e voi siete Spazio per me'.

Autocoscienza

Ora state vedendo chi siete sempre stati. Ora scoprite che differenza fa questo Vedere nella vostra vita. Per esempio, prendete la sensazione di essere guardati da altre persone, sentendo tutti quegli occhi che vi stanno osservando—sentendovi autocoscienti. Potete essere consapevoli di questo mentre sta accadendo ora in questo gruppo. Quando vi guardo, voi vi sentite guardati. Devo solo guardarvi per comunicarvi non-verbalmente che, 'Io vi vedo, siete una persona.' Io vi sto rimandando il riflesso del vostro aspetto. Ecco perché le persone talvolta non amano essere guardate perché si sentono intimorite, sotto inchiesta. Percepiscono di essere stati solidificati, trasformati in una cosa. Conoscete il mito di Medusa, la dea greca che aveva dei serpenti al posto dei capelli? Non potevate guardarla perché se vi guardava negli occhi sareste stati trasformati in un sasso. L'eroe è Perseo e il suo compito è ucciderla. Questo è un mito che si collega a ciò di cui stiamo parlando perché nel terzo stadio dell'adulto, quando non siete consapevoli del vostro essere senza testa, guardarsi negli occhi significa sentirsi guardati, vi sentite a disagio—quegli occhi vi trasformano in una cosa così come Medusa trasformava le persone in sassi. Quando venite trasformati in sassi questo si chiama essere 'pietrificati', che significa anche essere spaventati a morte. Tutti gli occhi hanno il potere di trasformarvi in una cosa, di pietrificarvi. Come fece Perseo ad uccidere Medusa? Non la guardò direttamente perché sapeva che i suoi occhi lo avrebbero ucciso, quindi la guardò indirettamente attraverso il suo scudo—che egli usò come specchio—e poi, vedendola riflessa, le tagliò la testa. La vostra Vera Natura è lo scudo, lo specchio—questa Trasparenza è come uno specchio—è trasparente e nello stesso tempo in essa voi vedete il mondo, perfettamente riflesso. Quando guardate qualcuno e state vedendo la vostra Natura Trasparente, vedete che i suoi occhi non vi trasformano in una cosa. Voi siete una Non-cosa. Anche se vi sentite a disagio, al contempo vedete che rimanete Trasparenti. Non siete solidi, non una cosa là, proprio dove voi siete.

In qualsiasi momento vi sentiate a disagio e in ansia, ora potete applicare il rimedio di essere consapevolmente questo Spazio Trasparente. Questo può essere di aiuto in quei momenti in cui vi sentite talmente giudicati da rimanere congelati, quando sentite di non poter essere voi stessi. Applicate questo rimedio E siate pazienti con voi stessi - le cose hanno bisogno del loro tempo per dipanarsi. Quando Perseo uccise Medusa mise la sua testa in un sacco e la riportò al Re—il Re cattivo che gli aveva affidato il compito di ucciderla. Il Re guardò nel sacco per essere sicuro che la testa di Medusa fosse là. Ma gli occhi di Medusa avevano ancora il loro potere e il Re fu trasformato in sasso. Quindi, uno sguardo alla vostra Vera Natura non è sufficiente—gli occhi delle altre persone ritengono ancora il loro potere. Dovete continuare a ritornare a casa da chi veramente siete, continuare a vedere che quegli occhi non vi pietrificano.

Ricordare

Sappiamo dove guardare. Vedere la vostra Faccia Originale non è la parte più difficile, la parte più difficile è ricordarselo. Questi esperimenti ora stanno portando questa consapevolezza all'interno di questo gruppo. Vi state accorgendo che siete in grado di vedere chi realmente siete insieme agli altri. In effetti la cosa che mi fa realmente sentire sotto inchiesta—gli occhi delle altre persone—ora mi può ricordare che non sono sotto inchiesta. Chi ci mette nella 'scatola'—nella scatola dei nostri corpi e delle nostre menti—sono gli altri. Ora potete usare gli altri per uscire dalla 'scatola'. Quando siete insieme agli altri, prendete l'abitudine di notare che siete senza occhi e senza faccia—faccia là a Non-faccia qui. Gli altri diventano ottimi indicatori rispetto a chi realmente siete.

Ritornare a casa

Nel primo stadio, quello del neonato, io sono Nulla. Non so cosa significhi essere qualcosa. Nel secondo stadio, quello del bambino, io sono Nulla ma sto imparando ad essere qualcosa, ad essere qualcuno. Nel terzo stadio, quello dell'adulto, ho scoperto chi sono in società. Ho fatto della mia apparenza, per così dire, la mia casa. Quest'oggi ci stiamo risvegliando allo stato di essere senza testa, alla nostra Vera Casa. Dato che ci siamo allontanati dal nostro essere senza testa, dall'Apertura del neonato, ritornare ad essa ora ha un valore speciale che non avrebbe avuto se non ci fossimo mai allontanati da essa.

Laura: Quindi questa di oggi è una bella iniziazione nel ritornarci dentro?

Richard: Sì, oggi stiamo ricevendo l'iniziazione per ritornare dentro la nostra Vera Natura di origine. 'Che cosa sa dell'Inghilterra chi conosce solo l'Inghilterra?' Che cosa sapete della Casa se conoscete solo la Casa? Quando ritornate a chi realmente siete potete apprezzare l'Apertura qui presente in un modo nuovo—essendovi allontanati da essa. Ora la vedete con occhi nuovi.

Laura: Il Figliol Prodigo.

Richard: Sì. Questa idea si può trovare in varie tradizioni spirituali. Il viaggio che ci allontana è necessario. Le nostre vite sono una storia meravigliosa. Ci è stato detto che il libro si chiude con il capitolo tre, lo stadio dell'adulto, ma improvvisamente scoprite che c'è un altro capitolo, il quarto stadio quello del vedente. È stata una cosa fantastica aver lasciato la nostra Vera Casa, aver chiuso la porta su questo giardino segreto, perché ora ritorniamo ad esso in modo nuovo—ritorniamo nella Casa che non abbiamo mai realmente lasciato.

Bilaterale

Sarah: Sono totalmente Aperta per quanto riguarda chi sono—se lo accettassi totalmente mi dimenticherei del mio sé pubblico?

Richard: Non penso che succederà perché la tua identificazione con l'essere una persona è talmente profondo. Non dimenticherai mai completamente chi sei come persona, non lo perderai mai completamente.

Sarah: Hai due identità.

Richard: Sì. La tua consapevolezza di essere una persona, di essere Sarah, intralcia il vedere il tuo essere senza testa?

Sarah: Non lo so. Devo verificarlo.

Richard: Bene, verificalo ora. Non aspettare.

Sarah: Sì, sì, lo sto facendo.

Richard: Sei in grado di vedere la tua testa?

Sarah: No. Non lo sono. Ah! L'ho appena capito! Ah! Ci sono!

Richard: Ti puoi sentire profondamente identificata con Sarah e nello stesso tempo non puoi vedere la tua testa. L'identificarti con Sarah non intralcia il vedere chi realmente sei. In effetti identificarsi con l'essere una persona sottolinea chi realmente sei. L'identificazione con la tua autoimmagine è un meraviglioso sviluppo della Coscienza. Non stiamo cercando di ritornare all'inconsapevolezza del neonato.

Tu sei sia 'quello piccolo' che Quello Grande contemporaneamente. Sei entrambi. Questo significa Casa, essere chi sei realmente e anche con tutti i tuoi difetti. Casa, esattamente come sono. Come nella canzone Amazing Grace—proprio come sono, povero sciagurato—qualcosa di questo tipo. Posso vedere che realmente sono proprio così come sono, benché io sia uno sciagurato. L'esperienza di cui sto parlando consiste semplicemente nel notare che non puoi vedere la tua testa. Non devi pensare di vederla. Semplicemente guarda. Puoi vedere la tua testa ora?

Non temere il nulla

Questo riguarda lo sperimentare direttamente chi realmente siamo. Ciò è degno di fiducia. Può essere testato. Ora questo cambia il gioco, cambia le nostre vite. Quando stai crescendo e scopri l'identità che sei, quando stai attraversando gli anni della gioventù, vuoi essere qualcuno—l'ultima cosa che vuoi e essere nessuno, una non-entità. Nel quarto stadio, lo stadio del vedente, arriviamo a scoprire quanto reale sia la non-entità. Vediamo che il Nulla nel nostro Centro non è solamente vuoto, è anche pieno—pieno di tutte le cose. È l'Essere. Non è quella terribile cosa che temevamo, nascosta da qualche parte dentro di noi, pronta ad inghiottirci in qualsiasi momento. La perdita, la non-entità, il nulla, lo scomparire, il non appartenere—tutto questo appare diverso quando vediamo chi realmente siamo. Ora possiamo essere nel Centro dove non abbiamo bisogno di nulla, dove in effetti sappiamo che non possiamo essere o sapere nulla, anche se vediamo che andiamo bene così. IO SONO—il mio Essere è. IO SONO—sia vuoto che pieno.

Un viaggio incredibile

Le nostre vite sono un viaggio incredibile. All'inizio della vostra vita voi siete l'Uno e non siete consapevoli degli altri—il neonato senza testa. Nell'età adulta vi hanno insegnato ad essere consapevoli degli altri, ad essere consapevoli di molti, e avete imparato ad escludere la realtà dell'Uno. Dovevate passare attraverso questo processo per sviluppare una profonda consapevolezza del vostro sé e degli altri. Gli altri non sono semplicemente 'un'immagine-nella-Consapevolezza'— voi accettate che siano reali. Benché non possiate provare la realtà degli altri, avete la profonda convinzione che ci sono altri in questa stanza—altri che hanno i loro propri pensieri, le loro sensazioni, anche se non sperimentate niente di tutto ciò direttamente. Attraverso ogni fibra del vostro corpo voi agite come se gli altri fossero reali e voi foste reali—voi come un sé separato. Ora, risvegliandovi alla vostra esperienza privata di essere l'Uno, proverete ancora questa sensazione degli altri, siete ancora convinti della realtà dei vostri sé pubblici. Ben lungi dall'esservi liberati di questa sensazione, questo senso di realtà di 'sé' e degli 'altri significa che, come Uno avete genuinamente la sensazione di stare parlando con altri —non siete più 'l'unico uno'. Ce ne sono 'altri' con cui parlare di qualsiasi cosa, incluso il fatto che sia voi che loro siete l'Uno! Che follia è questa! Parliamo insieme oggi e possiamo essere consapevoli che le nostre molteplici voci provengono da un unico Parlatore, che stanno accadendo in questa unica Consapevolezza. Io sono consapevole, ora, di essere l'Uno e che voi siete l'Uno e provo piacere a parlare con voi riguardo a questo—a parlare con voi che siete me e non me!

Capitolo 13

Il Cerchio Senza Testa

Alzatevi in piedi in cerchio. Mettete le braccia sulle spalle a vicenda. Poi guardate il vostro corpo verso il basso.

Ciò che vedete sono i vostri piedi, le vostre gambe, il vostro busto. Poi, sopra il vostro petto, sparite in questo Spazio aperto dal quale state guardando fuori—il vostro Occhio Singolo.

Ci sono due lati di voi—c'è il vostro corpo là in basso, e c'è questa chiara, infinita Consapevolezza che sta guardando il vostro corpo verso il basso. In ogni caso queste due parti di voi non sono separate.

Il vostro corpo non è separato dalla Consapevolezza. Guardate in basso verso il pavimento, nel centro del cerchio. Ciò che potete vedere sono i piedi, il cerchio dei corpi. Tutti i corpi svaniscono più o meno a livello del petto o della vita—spariscono nello stesso Spazio che sta in cima nel quale sparisce il vostro corpo. È vero? Questi corpi non escono forse dallo stesso Spazio dal quale esce il vostro corpo? Avete appena fatto crescere tutti questi corpi! Laggiù siamo molti e diversi e in cima siamo Uno e una cosa sola. Non ci sono linee divisorie in questo Spazio in cima. Esso non si può dividere. Tutti i corpi ora sono vostri, tutti provengono da questa Consapevolezza. Voi non siete una parte di essa, siete tutta questa Consapevolezza. Essa è indivisibile.

Si tratta sostanzialmente di vedere, non di pensare. Non dovete comprenderla in nessun modo particolare. Se le mie parole non vi vanno bene, trovate le vostre o non usate per niente le parole.

Non è nemmeno una percezione. Essa è neutra. Non devo percepirla nello stesso modo di qualcun'altro. Non c'è nessun modo giusto di rispondere. Non dovete psicanalizzare voi stessi per questo. Se c'è qualcosa che dovete fare è smetterla di psicanalizzarvi!

Tutti i corpi escono da questa unica Trasparenza. Laggiù siamo molti, siamo distinti, siamo diversi, e in cima siamo Uno, un'unica cosa. In cima non ci sono linee di divisione, non ci sono nomi in questa Consapevolezza, o nazionalità, o età. Essa è indivisibile, ovvia, sana. Bene, ora possiamo sederci.

Non è incredibile tutto questo! Che fantastico modo di apprezzare i Molti e l'Uno. E anche se ora ci ritroviamo sulle nostre sedie e possiamo vedere di nuovo la faccia di ognuno di noi, ancora esiste solamente una Consapevolezza ed essa contiene ognuno di noi. Questa Consapevolezza convalida la molteplicità e la diversità. Là, nel gruppo, la separazione è normale e sana, qui nello Spazio è l'unità ad essere normale e sana. Non stiamo cercando di imporre l'unità nel posto al quale essa non appartiene. Questa Consapevolezza ci rende liberi di essere diversi, ci rende liberi di essere gli individui che siamo.

Andrew: Non si tratta dell'Uno o dei Molti, si tratta dell'Uno e dei Molti.

Richard: Sì. Ora siete consapevoli di questa unica Consapevolezza che appartiene a ognuno. Chiunque non sia presente qui in questo gruppo è comunque questa Unità nel cuore. Il bambino che possiamo sentire che sta giocando fuori, qualcuno dall'altra parte del pianeta, qualcuno migliaia di anni fa, non importa—questo Spazio non esclude nessuno. Voi includete tutti e ogni cosa.

Voi state vedendo lo Spazio per tutti, non è vero? Voi includete tutti, c'è solo l'Uno.

Capitolo 14

Il Sole della mia Anima

Questo esperimento riguarda il mistero dei Molti e dell'Uno visti da un'angolazione diversa. Si chiama Il Sole Della Mia Anima. Prima rifaremo il Cerchio Senza Testa.

State in piedi in cerchio e mettete le braccia sulle spalle a vicenda. Guardate il vostro corpo verso il basso. Notate le vostre gambe e il busto e come il vostro corpo svanisce dentro il vostro Unico Occhio. Il vostro corpo sta uscendo dall'Uno. Ora guardate giù verso il pavimento e notate il cerchio di piedi, il cerchio di corpi—tutti scompaiono circa a livello della vita o del petto dentro l'Uno in cima. Laggiù siamo Molti, in cima siamo Uno.

Lasciate cadere le vostre braccia lungo i fianchi. Giratevi in modo da essere ancora in cerchio ma rivolti verso l'esterno rispetto al centro. Ecco ora l'esperimento chiamato Il Sole Della Mia Anima. Inizierete stendendo le vostre braccia verso fuori. Prima vi farò fare velocemente l'esperimento. Poi farete scendere le braccia in modo che non si stanchino e io vi condurrò nuovamente attraverso l'esperimento ma più lentamente, in modo che possiamo entrare in questa cosa più rilassati.

Aprite le braccia a 'V' di modo che possiate abbracciare la vostra visione di ciò che è fuori. Tra le vostre mani c'è la visione del mondo, la vostra particolare visione esterna. Lasciate che le vostre braccia si accavallino sopra e sotto le braccia delle persone da entrambi i vostri lati.

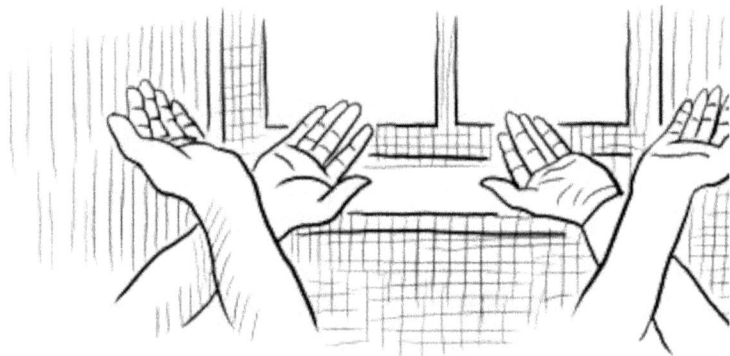

Questo indica che ciò che vedono i vostri vicini si sovrappone a quello che vedete voi—forse la stessa finestra o sedia.

Potete anche vedere che le vostre braccia escono dal vostro Unico Occhio, fuori dallo Spazio dove voi siete. Contemporaneamente potete vedere le braccia dei vostri vicini da entrambi i lati del vostro Campo Visivo ed esse si estendono anche al di fuori del vostro

Occhio, al di fuori della vostra Consapevolezza. Ora abbassate le braccia. Lo rifaremo più lentamente.

La vostra visione fuori è vostra e solo vostra. Solamente voi sperimentate la vostra Visione. Solamente voi sperimentate i vostri pensieri e le vostre sensazioni, solamente voi sperimentate la vostra vita. Quando parlate con gli altri sentite parlare delle loro visioni fuori. Comprendete che le loro visioni fuori si sovrappongono alla vostra visione fuori, come le loro braccia si sovrapponevano alle vostre—vedete la stessa finestra o sedia, state sperimentando lo stesso seminario. Se non ci fosse stata proprio nessuna sovrapposizione non avreste niente in comune con gli altri da comunicare. Ma voi non sperimentate mai le loro visioni, ne sentite solo parlare come esperienze di seconda mano. Accettate che ognuno abbia una sua visione fuori, ma è un sentito dire. Dunque—voi avete la vostra propria visione fuori, la vostra esperienza di vita, e quando parlate con gli altri scoprite le loro visioni e come esse si sovrappongono alla vostra.

Ora siate consapevoli che state guardando fuori dal vostro Occhio Singolo, dall'Uno. Vedete che colui che è consapevole della vostra Visione, della vostra esperienza, della vostra vita, è l'Uno—è l'Uno che ora sta vedendo, sentendo, pensando, è l'Uno che sta realmente vivendo la vostra vita. La vostra vita sta crescendo all'interno dell'Uno.

Quando parlate con gli altri, essi vi dicono che anche loro stanno guardando fuori dall'Uno. Anche le loro vite stanno crescendo nell'Uno, fluendo dall'Uno. Le loro descrizioni dell'Uno collimano perfettamente con la vostra esperienza—essa è senza confine, senza tempo, senza nome… Nonostante questo ogni persona ha una Visione unica e diversa che nasce all'interno dell'Uno—ogni persona ha una vita unica che fluisce dall'Uno, proprio come la vostra.

Voi sperimentate direttamente dall'Uno la vostra propria visione fuori, sentite dall'Uno le altre visioni fuori. Molte visioni da Una Consapevolezza. Questo è un modo di pensare al mistero dei Molti e dell'Uno. Non spiega questo mistero, dipinge un'immagine di esso.

Ora possiamo sederci.

Voi vedete che la vostra vita si sviluppa all'interno dell'Uno. Ora capite che la vita di ognuno si sviluppa all'interno dell'Uno. Gesù parlava del fatto che esistevano "molte dimore nella casa di Dio". La mia visione è una delle tante visioni dell'Unica Consapevolezza, una delle molte 'dimore' all'interno della casa di Dio. Io esperimento la mia vita che si sviluppa in Dio. Poi sento parlare delle vite delle altre persone, che si sviluppano in Dio—altre dimore nella casa. Molte dimore nella casa di Dio.

William: Questo esercizio è veramente potente perché se ci fosse solo la tua visione essa sarebbe tremendamente claustrofobica e isolante. Ma la tua visione sta all'interno del contesto delle altre!

Richard: Sì, che cosa meravigliosa. La mia visione fuori si sovrappone con quello che voi mi dite riguardo alla vostra visione fuori. Posso vedere quella macchia sul tappeto. Voi la vedete? Voi dite di sì. Bene, io vi credo che potete vederla. Non vivo la vostra esperienza. Vi sento solo confermare che la vedete. Ma rispondo come se voi la steste vedendo. In quel senso le nostre visioni si sovrappongono. Abbiamo un'angolazione diversa riguardo a questo—il che rende la cosa interessante" In cima a questo, entrambi stiamo guardando fuori dal Nulla per cui sia la mia visione che ciò che io sento riguardo alla vostra visione sta manifestandosi nell'Uno. Il fatto che entrambi possiamo vedere il tappeto rende la comunicazione possibile. Ma le nostre supposizioni alcune volte fanno centro altre no perché come fate a sapere se quello che io vedo come rosso per voi invece è blu? Non potete mai sapere con sicurezza se noi vediamo la stessa cosa perché quello che gli altri vedono è un sentito dire. Ma siamo disposti ad accettarlo e sembra che funzioni.

Ora portiamo attenzione al posto dal quale guardiamo fuori. Voi non lo potete vedere in modo diverso da me. Non lo potete vedere un po' più chiaro. Non è né blu né rosso, vero? Non ha una forma per cui non possiamo vedere una forma sbagliata. Non ha un'età. Questa comunicazione è perfetta, non è vero? E unificante. Avere solo una visione fuori è essere separati, per quanto pensiamo di comprenderci l'un l'altro. Siamo in corpi diversi. Ma ora, quando ci svegliamo a chi realmente siamo—questa è unione, non è vero? Sì. Unione totale. Nello stesso tempo continuiamo ad avere questo prezioso senso di diversità, di estraneità.

Capitolo 15

Movimento

Questo esperimento è connesso con il movimento—tutti voi dovete correre intorno allo stabile per dieci volte… sto scherzando!

Vi mostrerò cosa dovrete fare—vi metterete in piedi, indicherete la vostra Non-faccia, girerete lentamente in tondo e vedrete se siete voi a muovervi o se è la stanza che si muove. Non c'è molto esercizio fisico! Mettetevi in piedi. Assicuratevi di non sbattere contro qualcuno. Indicate la vostra Non-faccia, guardate il vostro dito e lentamente girate in tondo. Naturalmente, fermatevi se vi gira la testa.

Non vedete forse i muri e ogni cosa nella stanza muoversi superando il vostro dito? Vero?

Ma il posto che state indicando non si sta muovendo, è vero? Questa è la differenza tra il fuori e il dentro. Visto da fuori voi girate in tondo e la stanza rimane ferma, ma dal vostro punto di vista è la stanza che si sta muovendo e voi rimanete fermi. È divertente, non è vero? È talmente semplice. È così facile da condividere.

Questo lo potete notare quando state camminando, quando state guidando. Non si tratta di pensarlo. 'Io sono fermo e il mondo si sta muovendo.' Non è un pensiero, è un vedere. Dunque potete pensare in che modo percorrere la strada e contemporaneamente avere l'esperienza non-verbale che la strada vi sta passando attraverso. Non state manipolando i vostri pensieri e le vostre sensazioni.

Notate qualcos'altro riguardante il movimento—ricordate cosa stavo dicendo riguardo alla dimensione? Potete paragonare una cosa con un'altra cosa—può essere sia più grande sia più piccola o della stessa dimensione. Poi guardate la Visione d'Insieme e non c'è un altro Occhio Singolo a destra o a sinistra per compararlo al vostro—c'è solo un Occhio quindi non potete dire quanto grande sia. Esso è unico. Potete anche guardare alcune persone qui nel gruppo e vedere un confine intorno a loro. C'è sempre qualcosa intorno a loro. Poi guardate la Visione d'Insieme, nel vostro Occhio Singolo, e non c'è nulla intorno ad esso. Esso non si trova dentro uno sfondo più grande. Vero? Sì.

Anche il movimento è relativo nel senso che se io sposto la mia mano voi potete dire che essa si sta muovendo perché potete vederla muovere contro lo sfondo. Se il muro non si fosse mosso nello stesso tempo e con lo stesso ritmo della mia mano, allora la mia mano sarebbe rimasta ferma in relazione al muro. Se voi ondeggiate da sinistra a destra potete vedere qualcosa in primo piano che si muove contro le cose sullo sfondo. Il movimento è relativo. Ora siate consapevoli della Visione d'Insieme. Potete spostarla a sinistra o a destra?

Angela: Non c'è una sinistra o una destra.

Richard: Non c'è una sinistra o una destra per cui non potete spostarla! Ora vi inviterò a camminare nella stanza e a notare che le cose si stanno muovendo all'interno del Campo Visivo ma non potete muovere la Visione d'Insieme. Guardate se riuscite a muovere la Visione d'Insieme. Non esiste uno sfondo contro il quale possiate muoverla. È piuttosto divertente. Ogni cosa all'interno del Campo Visivo si muove intorno come una pazza ma la Visione d'Insieme sta fluttuando nel Nulla, nell'Immobilità. Va bene, possiamo sederci.

Questa non è un'idea astratta, è un'esperienza concreta. Tuttavia per tanto che camminiate in giro non sposterete mai la Visione, l'Occhio Singolo.

Brian: Ti stai riferendo allo schermo, allo schermo di un cinema?

Richard: All'intera cosa, sì. Ogni cosa, incluso il mio corpo, le mie sensazioni, ogni cosa all'interno della mia Visione si sta muovendo intorno tranne la Visione d'Insieme—non c'è nessun posto dove si possa muovere.

Ecco un altro modo per definire questa cosa—non siete voi che siete venuti a questo seminario, è questo seminario che è venuto da voi. Voi non siete mai andati da nessuna parte. Non vi siete mai spostati neanche di un centimetro in tutta la vostra vita! Siete sempre rimasti a casa—è l'arredamento che continua a cambiare!

Roger: Io conduco uno scuolabus. È una cosa nuova. Quando ho iniziato a guidarlo non ero abituato a guidare questo grande autobus ed entravo in tensione. Cercavo di andare da qualche parte. Ma non appena mi sono reso conto di essere lo Spazio ho realizzato che ogni cosa si stava muovendo attraverso di me. Mi sono rilassato. Il mio intero corpo si è rilassato. Non c'era sforzo, era talmente semplice. Con la vecchia modalità—entravo in tensione.

Carol: Normalmente durante il corso della mia giornata, quando sto lavorando e sto guidando, sono io che vado avanti ed è molto stressante. Questa pratica mi fa andare via dal sedile del conducente così che sono più nel retroscena. Ricevo lo scenario piuttosto che farmi forza e andare avanti come un bulldozer per arrivarci. È una prospettiva completamente diversa—meno stressante, meno forzata. Sarei più una persona recettiva che una persona che tiene fuori le cose che stanno sul suo cammino. È proprio quello. In totale recezione.

Roger: Mi piace quella frase, 'ritornare a Casa'. Hai la sensazione di essere a Casa indipendentemente da dove ti trovi e hai una sensazione di maggiore stabilità, invece di correre sempre. Sembra che per la maggior parte della vita si corra sempre e si cerchi di trovare sicurezza. Io correvo, correvo, correvo. Sarei andato in vacanza e poi avrei voluto tornare di nuovo a casa. In qualsiasi posto io fossi ero depresso e infelice.

Richard: E ora, quando guidi il tuo scuolabus sei a Casa e l'intero autobus è dentro di te!

Ecco un altro esperimento. Mettetevi in piedi e tenete le braccia davanti a voi, Potete vedere le vostre braccia che escono fuori dal vostro Occhio Singolo. Esse stanno fluttuando laggiù, allungandosi fuori dallo Spazio. Muovetele un poco—lasciate che le vostre mani danzino insieme. Dato che le vostre mani fuoriescono dallo Spazio, potete dire che lo Spazio sta muovendo le vostre braccia e le vostre mani. Voi non sapete che cosa faranno dopo. Eccole danzare.

Ora mettetevi fianco a fianco con qualcuno—cingete con il vostro braccio interno l'altra persona di modo che possiate stare vicini e insieme guardare all'esterno nella stessa direzione. Stendete il vostro braccio esterno di fronte a voi di modo che la vostra mano sia vicina alla mano del vostro compagno. Sto notando che il mio braccio sta uscendo fuori dal mio Occhio Singolo, ma poiché guardo avanti vedo che anche il braccio del mio compagno sta uscendo fuori dal mio Occhio Singolo—fuori dalla mia Consapevolezza. Muovete le vostre mani in modo che danzino insieme. A me è cresciuto un altro braccio! Io non mi trovo dentro un braccio piuttosto che dentro l'altro, entrambi sono in me. Sto danzando con entrambe le mani!

State in piedi vicini a qualcun altro e fate crescere un altro braccio diverso!

Ora possiamo sederci di nuovo.

Capitolo 16

Distanza

Richard: Stiamo giocando con questo—voi avete fatto l'esperienza. Stiamo esplorando l'esperienza in diversi modi. Questo farà esplodere la mente—è così ridicolosamente semplice. Userete questo cartoncino a forma di righello per misurare la distanza tra due cose. Scegliete due teste qualsiasi nel gruppo. Posizionate un lato del cartoncino di fronte a una testa e guardate che distanza c'è lungo il cartoncino rispetto all'altra testa, lungo il 'righello'. Simon è a una distanza di metà strada da Paul rispetto alla lunghezza del righello, ma George è a una distanza da Paul lunga tutto il righello. Avete afferrato il concetto. Se prendete qualsiasi cosa entro il Campo Visivo potete misurare quanto dista da qualcos'altro.

Ora misurate che distanza c'è tra voi e una di quelle teste. Spostate il 'righello' per misurare la distanza a partire da una di quelle teste fino al posto dal quale state guardando fuori. Il righello a un certo punto si reduce. Nessuna distanza!

La stessa cosa per quanto riguarda la Visione d'Insieme—non è a nessuna distanza da 'voi'. Se dite che la Visione è 'là fuori'—là fuori a partire da dove?

George: Relativa a cosa?

Richard: Non c'è nessun punto di riferimento al di là della Visione.

Kevin: C'è qualcosa di non misurabile da questa parte che sta proiettando la Visione là fuori. Da qui nasce la sola Visione che c'è là fuori. Questo è come assegnarle in qualche modo un posto, una collocazione.

Richard: Sì, è un paradosso. È veramente una cosa strana. Non possiamo definire tutto questo a parole. Non c'è nessuna lontananza e nonostante ciò sembra che sia là, mentre invece è qui.

Kevin: È qui e là.

Richard: Abbiamo toccato tutte le possibilità!

Laura: L'esperienza immediata non viene percepita come profondità in quella direzione. È come lo schermo del cinematografo e l'immagine. L'immagine sembra che abbia una profondità ma nell'esperienza reale non si percepisce proprio nessuna profondità.

Richard: Penso che possiamo accettare più di una descrizione qui.

Laura: Sì, ma non sento di percepire questo laggiù. Sento che questa è una conoscenza che accade esattamente qui.

Richard: Capisco cosa vuoi dire, sì. Penso che sia in qualche modo un mistero. Non lo puoi definire. È un vero mistero.

Capitolo 17

L'Inclassificabile

In questo esperimento sarà mio compito mettere un piccolo adesivo colorato sulla vostra fronte! Ma prima di andare avanti, ci sono alcune regole che devono essere rispettate. La prima, non vi è concesso di parlare durante l'esperimento. Mettiamo che ci sia qualcosa che non capite riguardo a questo 'gioco'—non potete fare domande! Non potete parlare finché non abbiamo finito. Non parlare è una cosa difficile da fare, anche se tutti voi foste degli esperti meditatori e sono sicuro che lo siete! Non parlare significa che non potete fare nessuna domanda. Dovete tollerare una moderata confusione o frustrazione per circa tre minuti!

Quando metterò gli adesivi colorati sulla vostra fronte chiuderete gli occhi in modo da non vederne il colore. Poi, quando aprite gli occhi, non potete guardarvi in uno specchio o in altre superfici riflettenti e non potete toccare l'adesivo. Poi spiegherò a cosa si riferisce il gioco. Chiudete gli occhi. Io andrò in giro a mettere un adesivo sulla vostra fronte.

Prima parte

Aprite gli occhi. Questa è l'area gialla, qui in questa parte della stanza. Qui c'è l'area argento, qui l'area marrone, quaggiù l'area rossa. Mettetevi in piedi. Ora conterò fino a cinque. Il gioco consiste in questo—entro il mio cinque tutti quelli con l'adesivo giallo sulla fronte devono trovarsi in quest'area, tutti quelli con l'adesivo argentato devono venire quaggiù, tutti quelli con l'adesivo marrone qui, e tutti quelli con un adesivo rosso qui. Adesso conterò fino a cinque. Uno, due… Dovete muovervi. Tre, quattro… Dai, dai! Dovete muovervi! [Le persone si muovono.] Cinque.

Siate consapevoli della vostra reazione. Avrete il tempo per condividere i vostri pensieri e le vostre sensazioni quando abbiamo finito.

Seconda parte

Se siete sicuri al cento per cento di essere nella zona giusta secondo il colore sulla vostra fronte, rimanete là. Ma se avete qualsiasi dubbio, venite al centro della stanza. In base al gioco, se state in una di quelle aree e vi sbagliate, perdete tutto, per così dire—tutti i vostri soldi. Ma se ammettete di non sapere e venite al centro, non perdete niente. [Alcune persone si spostano nel mezzo, altri rimangono dove sono.] Alcuni di voi sono rimasti nella loro area, per cui voi dovete essere certi al cento per cento di essere nel posto giusto. E tutti voi che siete venuti al centro, siate consapevoli del perché non ne siete sicuri. Questa è la zona rossa. Tutti coloro che non sono in quest'area guardino i rossi. Se entrambi questi ragazzi sono nella zona giusta, facciano il segno di o.k. col 'pollice all'insù'. Se anche solo uno di loro fosse nella zona sbagliata, 'pollice all'ingiù'. Va bene ragazzi, siate consapevoli di come state reagendo. Pollici all'ingiù! Uno di voi non appartiene ai rossi! Siate consapevoli delle vostre reazioni dovute al fatto che loro vi stanno mostrando i 'pollici all'ingiù'!

Qui c'è l'area marrone. Venite vicino e guardate tutti quelli di questo gruppo. Se tutte queste persone sono marroni, pollici all'insù, ma anche solo uno di loro non fosse marrone, pollici all'ingiù! Non siete sicuri se uno di loro è marrone o no? Quale di questi—pollici su o giù? Messaggi misti! Alcuni pollici all'insù, alcuni pollici all'ingiù! Non siete sicuri se uno di loro è marrone o no? Voi ragazzi del gruppo dei marroni, siate consapevoli di come vi sentite riguardo a questo feedback—messaggi contrastanti.

Questa è l'area dei gialli. Qui ci sono tre persone. Se e siete certi al cento per cento di essere gialli, rimanete qui. Se avete qualche dubbio, venite al centro. State tutti fermi. Va bene, se vediamo che qualcuno di voi ha torto, giriamo i pollici all'ingiù. Pollici all'ingiù! Due di voi si stanno spostando al centro della stanza—questo dimostra quanto potente sia la pressione del gruppo! [Quello che rimane è l'unico che si sbaglia!]

Essere sicuri significa essere assolutamente sicuri—al cento per cento e non al novantanove per cento. Se avete qualche dubbio riguardo al vostro colore, venite nel mezzo della stanza. [Alcuni rimangono dove sono e altri si spostano nel mezzo della stanza.]

Terza Parte

Ora passiamo all'ultima parte dell'esperimento. C'è un modo per capire a quale gruppo dovreste appartenere a seconda del colore dell'adesivo che avete sulla fronte. Se siete in grado di capirlo senza parlare, senza guardare in uno specchio o toccare il vostro adesivo, fatelo. [Alcune persone spostano altre persone nelle varie parti della stanza codificate con il colore.]

Se ora siete certi al cento per cento di essere nella zona giusta, state là, ma se avete qualche dubbio, venite al centro. [Qualcuno si sposta, qualcuno rimane.]

Mettiamoci a sedere.

Ora possiamo parlare. Quali sono i vostri pensieri, le vostre reazioni?

Aver fiducia negli altri

Mark: Dovevo far fede sulla parola di altre persone per sapere di che colore ero.

Jennifer: Io speravo che qualcuno mi guardasse e dicesse, 'Devi andare là. Ora sei nel posto giusto.' Ho dovuto avere totalmente fiducia rispetto a quello che era il loro punto di vista.

Richard: Dipendevi dal loro feedback.

Jennifer: Sì.

Angela: Io avevo fiducia al cento per cento di appartenere ai marroni perché ero con la mia mamma e avevo fiducia nella mia mamma.

Richard: Non posso discutere su questo! Tu hai avuto fiducia nella tua mamma. Sì, noi abbiamo fiducia nelle nostre mamme.

Angela: Anche se non fossi stata con la mia mamma avrei avuto fiducia in quello che mi dicevano e cioè che ero marrone, fiducia che non mi stavano mentendo o cercando di imbrogliarmi.

Confusione

Nigel: All'inizio, quando ci è stato detto di andare in una delle aree, ho avuto un'intuizione riguardo al mio colore. La seconda volta, quando hai detto, 'Cercate di capire dove andare', qualcuno mi ha spinto nella zona del colore marrone. Poi quando stavo seduto qui, le persone mi guardavano come se io fossi nel posto sbagliato.

Richard: Ti deve aver messo in confusione.

Nigel: Ho avuto una crisi di identità!

Richard: È un'esperienza potente, non è vero? Tu eri confuso perché avevi avuto dei feedback confusi.

Nigel: Sì.

Non credere negli altri

Peter: Io sapevo per certo che non sarei mai stato capace di conoscere il mio colore a meno che non lo potessi vedere io stesso, perché per quanto ne so tutti in questa stanza potrebbero avermi suggerito il colore sbagliato. Per cui, perché dovrei credere a chiunque? Anche a mia madre, se fosse qui! Avrebbe potuto far parte del gioco.

Sarah: Io ero piuttosto sicura perché avevo avuto dei feedback su dove avrei dovuto stare. Ma poi quando hai chiesto, 'Siete abbastanza sicuri da rischiare tutto?' Io non lo ero, perché in nessun modo potrei essere sicura. Assolutamente nessun modo.

Richard: Con questo non voglio dire che non devi credere alle persone al novantanove per cento, ma io stavo parlando del centro per cento.

Sarah: Alcune persone sono daltoniche, avrei rischiato di credere a qualcuno che era daltonico, che forse non sapeva di esserlo.

Richard: Per cui potrebbero sbagliarsi senza saperlo.

Essere disposti a giocare

Richard: All'inizio avevo detto, 'Per quando ho finito di contare fino a cinque dovete essere nell'area giusta...' Che cosa sarebbe accaduto se tutti voi aveste deciso, 'Non vedo il mio colore per cui non mi sposterò'?

Barbara: Saremmo semplicemente rimasti seduti là.

James: Nessun gioco.

Richard: Nessun gioco. Se volete giocare la partita dovete indovinare il vostro colore o credere a qualcuno. Se non c'è nessun gioco allora non c'è nessun divertimento e non si impara nulla. Non spostarsi poteva essere comprensibile perché non eravate in grado di vedere il vostro colore, ma non ci sarebbe stato nessun gioco.

Carol: Il fatto di averti permesso di mettere un adesivo sulle nostre fronti indicava già che avevamo intenzione di giocare.

Richard: Sì. A quel punto eravate già tutti nel gioco.

Eric: Quando hai detto, 'Andate nella vostra zona', io non mi sono mosso perché non avevo nessun modo di saperlo, nessuna ragione per andare da qualche parte.

Richard: Alla fine ti sei mosso?

Eric: Un piccolo passo, verso l'area marrone.

Richard: Perché?

Eric: Perché ci avevi chiesto di andare in una di quelle aree.

Richard: Perché hai fatto quello che vi avevo chiesto di fare?

Eric: Stavo giocando a questo gioco.

Richard: Giusto! Se non avessi giocato non ci sarebbe stato nessun gioco.

Eric: Giusto.

Richard: Se non c'è gioco non c'è divertimento e non c'è apprendimento. Immaginate di essere un neonato e che i vostri genitori vi dicano, 'Sorridi per noi, Mary'—o John, o chiunque voi siate. Immaginate di poter rispondere a parole e di dire, 'Non posso essere sicura al cento per cento di essere Mary per cui non vi risponderò.' Il risultato è che non partecipate all'interazione, alla comunicazione—non giocate il gioco dell'essere umano. Per giocare il gioco dell'essere umano, il gioco della vita, dobbiamo avere fiducia negli altri, anche se non possiamo aver fiducia in loro al cento per cento. Dobbiamo avere fiducia che c'è qualcuno là, dentro ognuna di quelle teste. Non c'è nessuna prova assoluta che là ci sia realmente qualcuno. Voi non percepite le mie emozioni per cui come potete essere sicuri al cento per cento che io abbia delle emozioni? Crescere è imparare ad accettare che voi siete là, dentro quel corpo, e che gli altri sono là, dentro quei corpi. Io imparo a credere di avere una faccia qui anche se qui non l'ho mai vista. Questo è imparare a giocare al Gioco della Faccia. Il 'gioco dell'adesivo' è una versione del Gioco della Faccia. Imparo a credere in voi quando mi dite che qui ho una faccia. Lo imparo così profondamente che mi dimentico di averlo imparato. Penso che sia vero, 'Io sono ciò che appaio. Naturalmente sono io!' Poi ogni cosa che faccio arriva da quella posizione, non è vero? Io agisco dalla posizione che mi dice che sono separato da voi, che sono dietro la mia faccia qui e che voi siete dietro la vostra faccia là. Io sono in questo corpo e voi siete in quel corpo. Se non accetto questo, non posso giocare a questo gioco, non posso partecipare come persona alla vita di una società di altre persone reali.

Stabilire le regole

William: Io mi sono mosso perché non sapevo che altro fare. Mi sembrava la cosa da fare.

Richard: Sì, tutti gli altri lo fanno!

William: Non avevo realmente tempo per ragionare.

Richard: No, non ce l'avevi. Ho messo un sacco di pressione. Ho detto, 'Dai, dai, dai.' Quando tutti gli altri si sono mossi, tu hai seguito la folla. Quando ci uniamo a qualsiasi gruppo cerchiamo di capire quali sono le regole di base del gruppo. In questo seminario, oggi, potresti chiederti se è permesso andare al bagno nel bel mezzo di una sessione. Ti è permesso prendere una seconda tazza di caffè? Puoi uscire? Noi guardiamo quello che fanno gli altri. Cerchiamo di leggere la situazione per capire quali sono le regole non espresse, qual è la cosa giusta da fare.

Sentirsi stupidi

Mark: Mi sentivo molto a disagio. Mi sento ancora molto a disagio perché mi sento stupido o qualcosa del genere. Ho pensato di aver perso qualcosa riguardo alle istruzioni. Non ho idea di come gli altri sapevano dove andare. Generalmente parlando, le persone erano nel posto giusto eccetto poche. Io sono andato nell'area argentata perché ho usato una specie di logica. Ho pensato che i colori erano stati distribuiti in modo paritario. Avevo vito solo un colore argento perciò ho creduto di essere argento. Ma non ricordo che tu abbia detto qualcosa riguardo alla distribuzione dei colori. Ho pensato, 'Non ho idea di come gli altri lo sanno. Come lo hanno scoperto?' Mi sento molto stupido.

Richard: Avevi visto che alcune persone ne spostavano altre?

Mark: No, non l'avevo visto.

Richard: Non l'avevi visto! Quello è il modo in cui le persone sono andate nelle aree giuste—altre persone le hanno portate là. Ora capisci come le persone hanno raggiunto le aree giuste.

Mark: Sì. Questo è quello che mi fa sentire a disagio. Non sapevo come essi avessero scoperto quale era il posto al quale appartenevano. Come avevano fatto?

Richard: Questo è quello a cui mi riferivo, e talvolta riflette la nostra esperienza nella vita. Quando cresciamo ci uniamo a dei gruppi ma ci sono delle regole inespresse. Dobbiamo cercare e scoprire quali sono queste regole. Talvolta sembra che tutti sappiano cosa stia succedendo tranne noi. Questa è stata la tua esperienza in questo gioco.

Giocare e non giocare

È divertente perché solo ora mi è venuto chiaro alla mente che sono molto evoluta perché non mi sono mossa. Ora capisco quello che sto facendo da una vita—non giocare a questo gioco. Mi metto semplicemente da parte e penso che ho ragione e che tutti voi avete perso il punto. È noioso sentire che dovrei giocare a questo dannato gioco. No! Come un bambino piccolo.

Richard: Il gioco che stai giocando è, 'Non giocherò!'

Lo specchio come amico

Laura: Mi sono sentita veramente a disagio. È come mi sento molte volte nella vita, come se non avessi il senso di appartenenza, come se stessi commettendo uno sbaglio.

Richard: Capisco. È una cosa molto potente, ed è solo un gioco di adesivi!

Laura: Stavo entrando in tensione.

Richard: Non sentivi il senso di appartenenza perché…?

Laura: Perché stavo ricevendo messaggi contrastanti. Io sono così. Guardo la reazione di tutti gli altri e poi reagisco ogni volta di conseguenza.

Richard: Il solo modo perché tu possa scoprire di che colore sei è in base alle reazioni degli altri non è vero? Ma ora sei confusa per quanto riguarda il posto al quale appartieni, vero? Vuoi guardare in uno specchio e vedere di che colore sei?

Laura: Sì.

Richard: Guarda in uno specchio.

Laura: È arancione! Pensavo fosse rosso.

Richard: Sì, è arancione e non rosso. La confusione nasce perché l'arancione è simile al rosso—è difficile distinguerli. Potrebbe essere rosso. Ma ora, guardare nello specchio ti ha chiarito perché stavi ricevendo messaggi contradditori dalle persone. Lo specchio è veramente utile, non è vero?

Laura: Lo è.

Richard: Ora non ti senti confusa. Anche se non appartieni a un gruppo perché non c'è un'area arancione nella stanza, non sei confusa.

Laura: Giusto. Non sono più confusa.

Sicuri al cento per cento

Jennifer: Qualcuno mi ha spostata in uno dei gruppi e ho creduto fosse corretto.

Richard: A chi hai creduto?

Jennifer: Ad Anthony.

Richard: Anthony è una persona di tale fiducia!

Eric: Penso che in realtà Anthony abbia spostato qualcuno nell'area sbagliata!

Richard: Hai ancora fiducia in lui?

Jennifer: Non ho nessuna ragione per non credergli.

Richard: Ma lui ha spostato qualcuno nell'area sbagliata!

Jennifer: Non lo sai per certo.

Eric: È vero, ma so che Anthony ama fare degli scherzi. È dispettoso.

Richard: Io dico, 'Se sei certa al cento per cento allora rimani dove sei.' Sei certa al cento per cento che Anthony ti abbia messa nell'area giusta?

Jennifer: Sì.

Richard: Al cento per cento?

Jennifer: Sì.

Richard: Come fai ad essere certa al cento per cento che Anthony non sia daltonico?

Jennifer: Oh!

Richard: Oops!

Jennifer: Sì, oops!

Richard: Meno male che non c'erano da scommettere dei soldi su questo!

Jennifer: Vero.

Richard: Non sto dicendo che Anthony non è una persona di cui ci si può fidare. Sto chiedendo se puoi essere sicura al cento per cento che sia uno di cui ci si può fidare.

Jennifer: Ok.

Dovete aver fiducia negli altri

Richard: Man mano che cresciamo siamo etichettati da tutti coloro che ci circondano. Crescere è come questo gioco che stiamo giocando—scoprite chi siete nella società attraverso altri nei quali avete fiducia. Se non avete fiducia in loro, allora non c'è più gioco, nessuna società. Quel feedback da parte di altri continua quando diventate adulti. Sta avvenendo proprio ora, in questo seminario. State continuamente ricevendo dei feedback da parte di altri—ognuno qui vi sta dicendo continuamente chi siete, verbalmente e non verbalmente. E voi lo state accettando. Basta solo che vi guardi e voi vi sentite guardati. State accettando di essere ciò che io vedo che voi siete—una persona. Non potete vedere la vostra faccia, ma se non accettate che voi siete quello che vedo—una persona con una faccia—allora non potete 'giocare'. Non potete funzionare nella società perché vi rifiutereste di accettare il vostro posto in società come persona.

Appartenenza

Richard: Quando siete stati accolti in un gruppo da qualcun'altro, è stata una bella o brutta sensazione?

George: Una bella sensazione.

Richard: Una bella sensazione. Ah, grazie a Dio qualcuno mi vuole!

George: Esattamente. Che sia finita! Io so dove sono!

Richard: Sì, che sia finita. Quando sei un teenager vuoi essere accettato dai tuoi pari. Non vuoi essere tagliato fuori. Non vuoi essere niente e nessuno, vuoi essere qualcuno. È meglio essere qualcuno che nessuno, non è vero? Anche altri hanno avuto quel tipo di sensazione quando sono stati accolti in un gruppo—ora sto bene? Sono felice di non essere quel povero ragazzo nel mezzo che non appartiene a nessun luogo!

David: Io mi sento veramente male perché quando Kate è venuta nel nostro gruppo, e conoscevo Kate da tanto tempo, ho pensato, ' Non sei una di noi.'

Richard: Sì. Può essere difficile buttar fuori qualcuno dal vostro gruppo, rifiutarlo.

Anne: Io volevo prendere il ragazzo che era rimasto nel mezzo e portarlo nel nostro gruppo, non aveva importanza se apparteneva al colore argento o no.

Richard: Che cosa ti stava succedendo?

Anne: Non mi piace quando qualcuno viene lasciato fuori.

William: Io ho pensato, 'Va bene, io non sono rosso, ora dove vado?' La mia sensazione quando le altre persone hanno detto 'Sì', quando mi hanno accolto nel loro gruppo, è stata che me l'ero immaginato.

Richard: Quindi ora ti senti bene. Questo corrisponde a quello che sperimentiamo quando cresciamo. All'inizio della vostra vita non sapete a quale gruppo appartenete. Poi le persone vi aiutano a trovare che cosa siete. Per quando siete adulti siete sicuri a quale gruppo appartenete—io sono rosso e non giallo quindi ora devo comportarmi come rosso. Sono una persona, non sono un Uccello o un treno. Sono un ragazzo e non una ragazza, o una ragazza e non un ragazzo. Ora appartengo a qualche posto. Ora so come comportarmi!

William: Sì.

Richard: Ho bisogno di sapere chi sono nella società. Ho fiducia che gli altri mi aiuteranno a scoprirlo. Se non ho fiducia negli altri non posso funzionare. Ma non potete essere certi al cento per cento del vostro colore perché non potete vederlo. E non potete essere certi al cento per cento di essere una persona—con una faccia, come tutti gli altri. Ma voi vi fidate delle persone al novantanove per cento quando vi dicono che cosa siete, il che significa che potete funzionare nel gioco, nella vita.

Che cosa è certo?

C'è qualcosa, riguardo a voi stessi, che può essere sicura al cento per cento?

Margaret: Il Vuoto.

Richard: Sì. Indicate ora il vostro adesivo—là non potete vedere il vostro adesivo, vero? Là non vedete la vostra faccia. Vedete uno Spazio Aperto, vero? La consapevolezza di quello Spazio Aperto dipende dalla conferma degli altri?

James: No.

Richard: La realtà della vostra Vera Natura, che siete voi, il vostro centro, non dipende dalla conferma di altri.

Carol: È ovvia.

Eric: Non può essere confermata da altri.

Brian: Puoi ripeterlo?

Richard: Avete bisogno di una conferma degli altri per sapere il colore del vostro adesivo. Dovete continuare ad avere dei feedback

dagli altri per sapere chi siete come persona. Ma quando tornate ad indicare il Nulla, avete bisogno che io vi confermi che siete quello?
Brian: No.
Richard: In effetti io non sono nel posto giusto per confermarlo. Sono nel posto giusto per confermarvi che avete un adesivo, che avete una faccia, ma non sono nel posto giusto per confermare la vostra Non-faccia. Ma voi siete nel posto giusto, non è vero?
Brian: Sì.
Richard: Il vostro Vero Sé non dipende nemmeno dal ricordarvelo. Non vi sto chiedendo di ricordarlo o di crederci o di credere agli altri che vi dicono chi realmente siete. Potete vedere la vostra Vera Natura personalmente, qui e ora.

Scambiarsi le facce

Che cosa vedete al posto del vostro adesivo?
Barbara: Gli adesivi di ognuno.
Richard: Sì. Da fuori siete in un gruppo e non appartenete ad altri gruppi ma da dentro non siete in nessun gruppo, tutti i gruppi sono dentro di voi.

Da negativo a positivo

Man mano che cresciamo impariamo a reprimere la nostra Vacuità. Poiché nessun altro può vedere la nostra Faccia Originale impariamo che essa non è reale. Benché io non possa vedere la mia faccia, voi mi dite che ho una faccia, che sono separato dagli altri, per cui imparo a diffidare della mia esperienza e invece pongo la mia fiducia in voi. Sopprimo la consapevolezza di questa Trasparenza. Talvolta, da adulto, quando ho degli sprazzi della mia Non-faccia, trovo che questo sia terrificante. Penso di stare scomparendo. O forse mi ritrovo a non saper cosa dire, la mia mente ha un vuoto—sento che dovrei dire qualcosa, che devo essere qualcuno. Percepisco la pressione della società per il fatto di dover essere qualcuno, di dover essere in un certo modo. Noi impariamo a spaventarci dell'esperienza di non essere nessuno, di essere vuoti e spazio bianco.

Ora che ci siamo risvegliati a questa Trasparenza possiamo iniziare ad apprezzare questa Vacuità, questo inclassificabile Spazio Vuoto, in modo nuovo. Esso è l'Essere. È lo Spazio che contiene ogni cosa. Esso mostra che non sono separato da nessuno, che ora possiedo la vostra faccia invece della mia. Questo è il passaggio verso la connessione. È una risorsa infinita - crea in continuazione idee e pensieri che spuntano tutti fuori dal Nulla. Suoni che entrano ed escono sempre dal Nulla. Questa intera giornata insieme sta emergendo dal Nulla—che Spazio creativo! Ora sto apprezzando il fatto che quello che mi spaventava è una benedizione. Non sono Nulla e Nessuno, il che significa che sono pieno di tutte le cose e di tutti. Allo stesso tempo continuo a sapere che sono una persona— sono bilaterale. Non sono Nessuno e sono Richard.

Roger: Sono contento che tu abbia detto questo. Poco fa stavi dicendo che la consapevolezza di sé andava bene. Quando ho conosciuto per la prima volta il percorso della via senza testa, la Vacuità, stavo quasi cercando di uccidere quell'autoconsapevolezza.

Richard: Non puoi farlo. Invece di rifiutarla, ora la accogli. Ora la consapevolezza di sé fa parte della situazione. Il che significa che essendo l'Uno puoi partecipare al gioco, puoi giocare la tua parte nella società.

Incomprensione

John: È stato interessante. Guardavo Mary che dirigeva il traffico là. Quell'area era gialla ma Mary stava guidando là Sue, e Sue era rossa.

Mary: Io non ho guidato Sue!

Richard: Posso notare che c'è stata un'incomprensione!

Mary: Tu hai guidato me!

John: Io?

Phil: Entrambi voi due mi avete indirizzato qui ma poi qualcun'altro mi ha detto di andare là!

Richard: Ragazzi avete guidato voi Phil laggiù?

Mary: Io no. È stato lui.

William: Meraviglioso!

Richard: Non è interessante!

William: Le indicazioni spesso non sono giuste.

Alex: Le persone si possono sbagliare nel modo in cui vi dirigono. Ecco perché la tua domanda è importante—'Hai fiducia al cento per cento, ora, di essere nel gruppo giusto?'

Basare la propria vita su un errore

Richard: Riceviamo feedback dagli altri, ma essi non sempre sono corretti. Siamo indifesi come bambini e non abbiamo nessuna alternativa se non quella di accettare ciò che gli altri ci dicono. Il messaggio di fondo, al di sotto di tutti gli altri messaggi, qualunque adesivo vi venga detto abbiate, è che siete una persona, siete in un corpo. Non potete essere sicuri che gli altri abbiano ragione ma, che alternative avete se non quella di aver fiducia in loro? Dunque, io imparo a vedere me stesso così come voi mi vedete, anche se potreste sbagliarvi. Potrei basare la mia vita su un errore, un'incomprensione riguardo a chi sono io. Di fatto sono io. Vivo come se fossi solo il mio aspetto, come se fossi solo ciò che voi dite che io sono. L'errore che sto facendo è che non sto dando attenzione a chi realmente sono. Vivo una specie di vita per metà.

Non è la fine del gioco

Quando siete neonati non sapete di essere una persona, ma man mano che crescete partecipate a quello che sta accadendo e imparate ad agire come se foste una persona. Accettate quello che gli altri vi dicono perché non volete essere tagliato fuori. Comunque non c'è altra scelta—non partecipare è non partecipare alla vita.

Poi la società dice, 'Avete scoperto chi siete nella società. Siete una persona. Tu sei John, o Ellen, o chicchessia.' Voi accettate che lo scopo sia trovare chi siete—che colore di adesivo avete in questo gioco e che persona siete nella vita. Una volta che avete scoperto chi siete dovete prendervi la responsabilità di essere quella persona. Dovete imparare ad agire come se foste quello. Quelli sono i patti, il gioco. Non avete scelta riguardo a che persona siete—siete quello che vedete nello specchio. Non potete scegliere di essere qualcun'altro. Quindi giocate meglio che potete le uniche carte che avete. E questo è quanto. Quella è la vita, apparentemente. Nel gioco, nella vita, scoprite che adesivo avete addosso e imparate ad agire come se foste quello. La vita consiste nel fare del vostro meglio come la persona che avete scoperto essere. Ma scoprire chi siete nella società non è necessariamente la fine del gioco.

Potenzialmente siete solo a metà strada del vostro sviluppo. Generalmente le persone non si rendono conto che c'è un'altra parte del gioco, un'altra fase della vita. La parte successiva è quello che state facendo oggi in questo seminario—risvegliarvi a chi realmente siete. Chi realmente siete non è ciò che gli altri stanno dicendo che siete. È ciò che voi vedete che siete, per cui dovete stare in piedi da soli, dovete badare a voi stessi. Ecco perché nel cuore di questo seminario c'è una certa specie di sfida, 'Non lascerò che nessun altro mi dica chi sono realmente io perché loro non sono qui dove io sono, per cui non hanno nessuna autorità per dirmi chi sono io al Centro. Invece guarderò io stesso. Non posso vedere il mio adesivo. Non posso vedere la mia faccia. Ora, che cosa significa questo? Sono inclassificabile! Non sono in un corpo!'

Contemporaneamente, non avendo nessun adesivo colorato qui, scopro che tutti gli adesivi colorati sono in me. Vedo tutti gli altri colori al posto del mio. Io scambio gli adesivi, scambio le facce, scambio le identità. Non sono dentro un corpo, tutti i corpi sono dentro di me! Ma ora smetto di giocare il gioco di essere in un corpo, di essere una persona nella società? No. Continuo a giocare a quel gioco, ma ora con questa consapevolezza interiore di chi sono realmente. Questo mi permette di operare anche meglio di una persona, con più compassione, più comprensione, più forza. Scopro una fiducia interiore crescente perché ora sto operando in base all'esperienza totalmente affidabile di chi sono io piuttosto che in base a ciò che voi mi dite che io sia—di cui non posso essere completamente sicuro. C'è una grande libertà e creatività e sicurezza in questo. Non sono in un corpo—non sono limitato. In profondità sono libero! Il mio mondo sta emergendo miracolosamente da questa Consapevolezza—che creativo è il mio Vero Sé! E il mio Essere non può venire danneggiato—sono al sicuro. Totalmente al sicuro. Per cui noi continuiamo a giocare a questo gioco, il 'gioco' della vita, ma ora in un modo profondamente diverso, da una base più profonda e veramente reale e affidabile.

Limitazioni

Peter: Io voglio stare con quel gruppo dei gialli laggiù per essere accettato, perché tutti loro mi hanno detto che mi amano e il gruppo dei rossi, qui, no, oppure, crescendo, sarò un 'poveraccio'. Li guardo e penso, 'non mi piace nessuno di loro tranne quelli che mi accettano per quello che sono.' Ma non posso accettare di stare in mezzo a quel gruppo. Questo è quello per cui lottare, accettarmi e non preoccuparmi dell'opinione di nessun altro.

Richard: Capisco. Ma ti faccio notare che ciò che potresti pensare oggi, durante questo seminario, è ciò che proviene dal tuo punto di vista—Bene, io parlo per me: io non sono né marrone né argento né giallo né qualcos'altro. Quella è la mia realtà, anche se tu mi dici che io sono di un particolare colore. Di che colore sono? Giallo? Per cui io accetto di essere giallo ai tuoi occhi. Io non posso vedere il mio colore ma ho fiducia nel fatto che tu mi stai dicendo la verità. Ma tu potresti essere daltonico pertanto non posso esserne sicuro al cento per cento. Nonostante ciò io agisco come se fossi giallo perché prendo per buono il tuo feedback. Ma la mia realtà interiore è che io non sono giallo, tutte le persone che mi amano e che non mi amano, in verità sono me. Ora questa potrebbe non essere una piacevole scoperta perché io preferirei non essere alcune persone, ma le cose stanno così. Ma vedere che sei Spazio per gli altri non significa poi che lasci che gli altri ti camminino sopra. Mentre abbracci tutti con le tue braccia infinite, continui ancora ad onorare la tua stessa individualità. Essere consapevoli della propria identità bilaterale significa che in alcune situazioni posso dire, 'State là! Io sono voi ma mantenete la vostra distanza! Io sono senza confine ma questa è la linea tra voi e me e io voglio che vi fermiate là!

Niente rimane attaccato

James: Sono diventato più aperto negli ultimi sei mesi di quanto non lo sia stato in tutta la mia vita grazie al fatto di aver scoperto chi ero. Sono stato rinchiuso in una gabbia dentro la mia testa per così tanto tempo. Negli ultimi sei mesi ho cominciato ad aprirmi sia agli argentati che ai rossi. Alcuni giorni mi fanno ancora innervosire. Ci sto lavorando, anche mentre sono seduto qui. Ma solo un anno fa avrei detto, 'Sei un uomo 'inaffidabile', allontanati da me.'

Richard: Va bene. Ma la cosa fantastica riguardo a questo è, anche se io avessi accettato che tu mi vedessi in quel modo, che non c'è nessun luogo qui nel mio Centro dove attaccare quel nome o quell'etichetta. Non importa che cosa dicono gli altri, non si attacca niente al tuo Vero Sé perché non c'è niente qui dove poterlo attaccare. Guardo qui e vedo che non si può attaccare nessuna etichetta qui. Questa è liberazione. Ovviamente non accadrà mai che tutti ti amino. Ci saranno sempre cose che accadono che non vorresti accadessero. Ma dai un'occhiata e guarda se esse rimangono attaccate. No. Quella è la semplice verità. Anche se potrei sentirmi ferito da ciò che qualcuno dice di me, qui al Centro la verità e la realtà è che ciò semplicemente non rimane attaccato.

Dale: Veramente liberatorio.

Richard: È la tua Realtà fondamentale. La Realtà fondamentale è 'non-adesiva'. È un termine tecnico che ho trovato in un trattato Buddista segreto 'non-adesiva'.

Peter: Hai detto nei 'treetops Buddisti'? (Peter ha capito male e al posto di treatise=trattato ha capito treetops=cima degli alberi e quindi c'è un divertente scambio di parole)

Richard: Ho detto 'in un treatise (in italiano trattato) Buddista'. Ma 'treetops' (in italiano cima degli alberi) è meglio. Nei treetops (in italiano cima degli alberi) Buddisti! (Richard continua a scherzare per il divertente scambio di parole).

Dale: Sì, l'adesivo si può mettere, ma non qui. Bello.

Richard: Vero!

Dale: Nulla di personale.

Richard: Semplicemente non puoi farlo. Non dipende dal fatto che tu sia capace o no o che tu lo abbia capito o meno, semplicemente non si attacca. Vedere chi realmente siamo è accettare la realtà. Una bellissima realtà, veramente fantastica. Qui non si attacca nessuna etichetta. Io ti sto guardando ma la mia reazione nei tuoi confronti non si incolla là, vero? Questa è libertà. Ma tu sei ancora aperto alla mia reazione. Non neghi o blocchi l'ingresso a ciò che sto dicendo. Quello che potresti dire di Richard potrebbe essere vero—è la tua visione rispetto a me. Ma non è chi realmente io sono. Fantastico.

Non puoi provare la tua Natura Inclassificabile all'esterno. Da fuori tutte le etichette si attaccano, almeno fino a un certo livello. Ma dentro niente si attacca. Tu sei trasparente come uno vetro. Sei come uno specchio che riflette ogni cosa, ma lo specchio di per se stesso non viene mai colorato da ciò che riflette. La tua faccia nello specchio si sporca ma la tua Vera Natura, la tua Faccia Originale—mai. Questa è pratica. Questa libertà nel tuo Centro è un fatto osservabile. Non è perché hai meditato per anni in qualche modo che sei fortunato o speciale o diverso. Non c'è niente da fare rispetto a ciò. È un dato di fatto, pura verità. Stai guardando fuori da questo Spazio Aperto, da questo Spazio senza testa. Tutti stiamo guardando fuori da esso. Quando vedi chi realmente sei, comprendi, credi, che anche tutti gli altri stanno guardando fuori da questo Spazio. Questo ha senso. È assolutamente pulito, trasparente, immobile, libero—per tutti.

Comunicazione bilaterale

Diana: Stavo pensando a quando ero alle scuole medie, c'era una ragazza che era a capo di un gruppo. Tutti la ascoltavano.

Richard: Lei era l'autorità.

Diana: Sì. Vuoi dire che lei prendeva in considerazione il suo punto di vista perché tutti guardavano a lei come un'autorità?

Richard: Lei faceva così con gli altri così come gli altri facevano così con lei. Lo facciamo tutti a vicenda. Aveva ottenuto quell'identità di riflesso ma la stava riflettendo a voi che eravate i suoi seguaci. Questa era la storia. Ma persino più in profondità di così, la storia sottostante è che voi siete una cosa. Io sono una cosa. Che siate un capo o un seguace, voi siete una cosa. Non siete un 'Nulla-pieno-di tutto'. Siete una cosa separata da ogni altra cosa e le cose sono limitate, le cose sono vulnerabili, possono essere ferite, possono morire, inoltre voi potete essere solo in un posto, e tutto questo tipo di cose. Quello è il messaggio sottostante, non detto, di tutta la nostra comunicazione.

Quando ci risvegliamo a Questo, vediamo, voi vedete che siete una Non-cosa. Non siete una cosa. Questa Consapevolezza è infettiva come 'diventare una cosa' uno per l'altro. Ora vi sto guardando e sto notando che sono uno Spazio completamente aperto per voi. Ora, in questo gruppo, abbiamo il permesso, è nella parte frontale, di essere Spazio uno per l'altro. Questo è infettivo. Questo è amore. Di base è amore. È ricevere ognuno semplicemente così com'è, dentro di te. Ma questo significa che ora abbiamo smesso di riflettere quello che siamo come persone? No. Ciao Phil! Vedete, rivolgersi a qualcuno è riflettere su di lui chi è come persona e contemporaneamente vedere in qualche modo voi stessi attraverso i suoi occhi.

Lo specchio dice la verità

Noi crediamo allo specchio, vero? Ma quando guardiamo nello specchio commettiamo un errore. Nella società, nel terzo stadio, voi guardate nello specchio e dite, 'Io sono quello.' Immaginate che la faccia laggiù sia qui. Ma vi sbagliate. La vostra faccia non è qui, è là nello specchio. Voi pensate di non sbagliare, siete assolutamente sicuri di aver ragione—'Io sono questo qui.' Ma state commettendo un errore.

Poi, quando entrate nel quarto stadio della vita, realizzate che la vostra faccia è là e che non c'è niente qui se non Spazio per gli altri. Ma continuate ancora a giocare a questo gioco. In effetti ora potete giocare meglio a questo gioco perché non siete agganciati a quello-nello-specchio con le stesse modalità, per cui non siete faccia-a-faccia con gli altri e pertanto non vi state confrontando con gli altri, non siete isolati dagli altri. Siete fatti Aperti. È un gioco totalmente diverso. Un gioco completamente differente. La società ci dice che il gioco è finito quando abbiamo guardato nello specchio e indossato quella faccia qui nel nostro Centro. È come guardare un film e, arrivati alla fine, pensare 'Che cosa significa?' Poi trovate il secondo DVD. 'Oh wow! Quella non era la fine!' Il quarto stadio, il vedente, è il secondo DVD. La 'via senza testa' è la Seconda Stagione! È fantastico. Ogni cosa è rovesciata, il dentro è fuori e l'alto è in basso e viceversa rispetto a quello che ci era stato detto. Ciò nonostante continuiamo a giocare a questo gioco. Fantastico.

Voi siete uguali a me

Ora che vedete che non siete in un gruppo, realizzate che questo deve essere vero anche per tutte le persone che incontrate, vero anche per loro. Io posso vedere Roger ma so che tu, Roger, dal tuo punto di vista, sei riempito da altri. Questo cambia la mia visione degli altri perché, prima di entrare in possesso del secondo DVD, io li guardo e agisco come se gli altri fossero solo ciò che appaiono. 'Tu, laggiù, sei una cosa solida, sei limitato, sei separato da me—io non sono te.' Ma quando entro in possesso del secondo DVD guardo e penso, 'D'accordo, ciò è come appari. Ma ora, siccome tu sei come me, io so anche che stai guardando fuori da questo Spazio Aperto. Non sei una cosa solida, sei un Nulla-pieno-di-tutto. Non sei limitato, sei infinito. Non sei separato da me—io sono te e tu sei me.' Se prendo tutto questo seriamente, ciò deve cambiare il modo in cui mi comporto con gli 'altri'.

Douglas Harding, nel suo libro ... "A proposito del non avere una testa", scrisse come il vedere la sua Faccia Originale lo avesse influenzato. Egli disse, più o meno (sto parafrasando)—'Vidi che ero senza testa e ci furono due cose che realizzai immediatamente. La prima fu che ero faccia-a-Non faccia con gli altri—ero fatto aperto per accogliere gli altri. Non ero a confronto con nessuno perché non ero faccia-a faccia con nessuno. La mia seconda scoperta fu che ognuno deve essere nella stessa condizione in cui ero io. Ognuno deve essere fatto aperto per accogliere gli altri e il mondo.' Il che mi portò poi a pensare al mondo di 'ognuno'. Quando 'pensate al mondo di qualcuno', significa che avete un tremendo rispetto per lui. Ma il rispetto a cui Douglas pensava non era basato su che tipo di persona poteva essere questo qualcuno ma piuttosto sul fatto che questi non era per niente una persona, era uno Spazio per il mondo. Proprio ora so che dove c'è Charlie, al centro di Charlie non c'è Charlie ma il mondo. Voi siete capacità per il mondo. Siete Spazio dove voi siete proprio come sono io. Sta a dire 'Penso che il tuo mondo' non sia basato su una benevola fantasia riguardo agli altri ma su una realistica analisi degli altri. È ciò che gli altri realmente sono. Penso al tuo mondo perché tu sei il mondo. Vivendo alla luce di questa Realtà le nostre vite iniziano ad aprirsi sempre di più, ad andare sempre più in profondità. Il secondo DVD non finisce mai!

Capitolo 18

Fiducia

Richard: Vedere chi realmente siamo è un'esperienza diretta. È risvegliarsi alla Realtà. Ora avete trovato una base stabile per la vostra vita.

Dale: Assoluta fiducia. La sola cosa della quale potete essere certi. L'esperienza diretta.

Charles: Avere fiducia assoluta—non è egoistico? Pensare che sai tutto—non è una cosa egoica?

Richard: La fiducia alla quale mi riferisco non riguarda l'avere fiducia in voi stessi personalmente. Non sto parlando di me che ha fiducia in Richard, di avere assoluta fiducia in lui, sto parlando di quello che io sono dentro, di questo Spazio Aperto che è pieno di ogni cosa. Questa è la realtà. Questo è affidabile. Non cambia mai—il Tutto, il Niente che è sempre pieno di qualcosa non è nel tempo. Ogni singola cosa è nel tempo, viene e va. Questo seminario viene e va. Ma l'Uno è fuori dal tempo, non cambia. Quindi potete avere fiducia in esso nel senso che è sempre là, che vi piaccia o meno.

C'è anche un altro senso di aver fiducia nell'Uno—ho fiducia che l'Uno sia infinitamente saggio. È saggio perché è. È accaduto. Sa come Essere, come emergere nell'Esistenza dal buio di tutte le notti, dal buio del non-essere. Questo emergere, quella esplosione nell'Essere è un miracolo. Quella è intelligenza. Il vostro Vero Sé è estremamente intelligente! Ne sono sicuro.

Distinguiamo tra noi stessi personalmente e l'Uno, tra le cose individuali dentro l'Uno che vanno e vengono e non sono assolutamente affidabili, e l'Uno stesso che non va e viene mai. Se non potete avere fiducia nell'Uno che non viene né va, che ha raggiunto l'Essere—che sta raggiungendo l'Essere proprio ora—in che cosa potete avere fiducia?

Capitolo 19

Il Tunnel

L'esperimento del Tunnel focalizza l'attenzione sul fatto ovvio che quando guardate qualcun altro vedete la loro faccia e non la vostra. Noi lo chiamiamo essere 'faccia–a-Non-faccia'. Lo chiamiamo anche 'scambiarsi le facce'. Ora posseggo la vostra faccia e voi possedete la mia. Questo è l'opposto di ciò che gli altri vedono, non è vero? Quando ti guardo, Anne, gli altri vedono le nostre due facce—la tua è là e la mia è qui. Ma per noi è l'opposto—noi ci scambiamo le facce. Siate consapevoli di questo, ora qualsiasi potenziale faccia vi ricorda che non ne avete una. In qualsiasi momento vi troviate con qualcuno, state ricevendo la sua faccia nel vostro Spazio. È un atto d'amore che fate. L'esperimento del Tunnel focalizza la vostra attenzione su questo—sull'essere Spazio-a-faccia con gli altri.

Un paio di anni fa avevo deciso di fare l'esperimento del Tunnel quasi all'inizio di un seminario. C'era una donna seduta alla mia sinistra che non aveva mai fatto nessun seminario prima. Pensai, 'Bene, dimostrerò il Tunnel con lei. Perché no? Lei era all'altezza di farlo, dunque guardammo nel Tubo per mostrare al resto del gruppo che cosa fare. Quando venne fuori lei esclamò. 'Oh mio Dio, ero diventata proprio un uomo!'

Voi diventate l'altro!

Trovate qualcuno col quale fare l'esperimento del Tunnel.

Quando guardate l'altra persona attraverso il Tubo non dovete guardarla negli occhi. Lo potete fare se volete ma non è principalmente un esercizio di comunicazione. Se volete comunicare, sorridere o qualunque altra cosa, naturalmente potete farlo. Sto solo chiarendo lo scopo di base dell'esperimento che è quello di notare che cosa c'è dalla vostra parte del Tubo e come il vostro lato contrasti con il lato distale. Se vi sentite a disagio dentro il Tubo, è normale.

Guardate dentro il Tubo con il vostro partner.

Dal lato distale vedete una faccia—vedete una faccia dalla vostra parte?

La configurazione non è forse faccia là dal lato distale a non-faccia qui dal lato prossimale?

Non siete faccia-a-faccia con la persona là ma faccia a Non-faccia qui. E' vero?

Non siete forse stati concepiti Aperti dal lato prossimale— Capacità per la faccia dal lato distale?

Venite fuori, chiudete gli occhi per un momento e riposate.

Va bene, aprite gli occhi e guardate di nuovo.

Che faccia avete ora?

Non avendo una vostra faccia personale, non potreste dire che la faccia dell'altra persona è vostra? Non potreste anche dire, 'Essendo vuoto qui, sono Spazio per te. Io sono te.'

Questa è un'esperienza non verbale, per cui le mie parole potrebbero non essere adatte a voi, scegliete le vostre, o non usate assolutamente nessuna parola.

Venite fuori, chiudete gli occhi e riposate.

Aprite gli occhi. Qualche reazione da condividere?

Brian: Io avevo la sua faccia.

Richard: E' stato bello, non è vero? Ora, se guardate me, avete la mia faccia!

Brian: E' stato incredibile per me perché finora l'ho sempre fatto da solo a casa con lo specchio. Porto il Tubo allo specchio e la mia faccia è là in fondo. La trovo un'esperienza molto profonda. Quello che è stato interessante riguardo a questa esperienza è che mi sono sentito che stavo diventando l'altra faccia. Era la mia faccia.

Richard: Non è meraviglioso!

Angela: Io ho percepito questo con John. Stavo assumendo la sua faccia.

Kevin: Pensavo di avere la testa di qualcun'altro sulle mie spalle.

Richard: Sì, non è incredibile? E' stupefacente, meraviglioso. Che gioia diventare l'altra persona.

David: Ci si sente vulnerabili. Sei consapevole della tua stessa faccia, che sta invecchiando.

Eric: Faccia-a-Non-faccia—in base all'evidenza della tua stessa esperienza dalla tua parte del Tubo non c'è nessun invecchiare.

Brian: La seconda volta l'altra faccia è diventata la mia faccia. Questo cambiamento è stato sconvolgente.

Carol: Questo esperimento ha fatto sembrare il Vuoto così vivo. La faccia laggiù, qui nel Vuoto.

Richard: Laurens van der Post scrisse un libro riguardante i boscimani del Kalahari. Mentre si trovava con uno dei boscimani essi videro un altro boscimano in lontananza che correva con una Lancia. Quando li raggiunse egli conficcò la sua Lancia nella sabbia e porse il suo saluto al Kalahari—'Ero morto, ora sono vivo.' Questo vuoto è morto senza ciò che lo riempie.

Margaret: Dal lato prossimale del Tubo c'è il Nulla, quella

Capacità disponibile per ogni cosa. Poi qualcosa nasce là. Tu sei morto finché non hai qualche connessione come quella, ma non sta succedendo a una faccia. Il fatto che stia succedendo laddove non c'è una faccia è un'esperienza incredibile.

Anne: Potevo vedere che questo lato era completamente aperto e Gloria era là. Gloria era la sola cosa presente là. Io non ero nulla, lei era là.

George: Da una certa distanza, se ci guardassimo rispettivamente per un attimo, io mi sentirei imbarazzato.

Richard. Sì, è così.

George: Ma dentro il Tubo non mi è successo perché io non ero là.

Richard: Vedi il potenziale beneficio di questo! Questa è una profonda terapia, non è vero?

George: Sì.

Nigel: Io pensavo, 'Cosa pensa che io sia?' Poi ho pensato, 'Questo è solo un pensiero!

Richard: Sì, lo è. E quel pensiero non ha oscurato la tua Non-faccia, vero?

Nigel: Si è messo in mezzo.

Richard: Davvero? Pensa che io ora posso vederti. Mantieni quel pensiero per un attimo. Ti senti a disagio?

Nigel: Sì.

Richard: Mentre lo stai pensando ora, mentre ti senti a disagio, puoi vedere la tua faccia?

Nigel: No.

Richard: Dunque non si è messo di mezzo, vero?

Nigel: No.

Richard: No.

Nigel: Sì e no.

Richard: No, non posso lasciarti andare. In che modo interrompe il vedere la tua Non-faccia, se decidi di vederla?

Nigel: Giusto, è una scelta.

Richard: È una scelta, non è vero? E tu sei libero di fare quella scelta indipendentemente da ciò che accade. È vero?

Nigel: Sì.

Richard: La stessa cosa vale per me.

Nigel: Devo solo ricordarmelo, in continuazione.

Dale: Come praticante del Buddismo tradizionale, questa esperienza va ad incrementare la mia pratica fondamentale. Le parole, 'Io sono Capacità per voi'—suonano vere secondo la mia esperienza. È una totale apertura. Questo esperimento mi permette di andare più in profondità in questa Apertura. Noto che quando arrivano i pensieri, non c'è nessun posto dove si possano attaccare da questa parte del Tubo. C'è soltanto un'apertura totale. Se porto attenzione al pensiero, allora esperimento il pensiero, ma se porto attenzione all'Apertura, il pensiero è come una nuvola nel cielo della mia esperienza. Ecco perché non ha importanza se il pensiero mi piace o no, non c'è nessun posto per quel pensiero dove attaccarsi. Questa è libertà incondizionata.

Richard: Meraviglioso. Grazie.

Steve: Mi ricordo quando per la prima volta ho fatto questo esperimento. Quando ho incontrato lo sguardo dell'altra persona è stato come se mi stesse guardando proprio attraverso. Come se il suo sguardo attraversasse proprio il piccolo me, la mia apparenza— guardando dentro la mia vergogna, dentro tutti quegli strati che persino io non ero disposto a guardare. Così ho cercato di resistere come Spazio senza testa nel mezzo di tutta quella vergogna, di modo che tutti quegli strati potessero entrare.

Richard: Bello. Capisco. Sei al sicuro come Spazio senza testa. Spazio, non è vero?

Steve: Sì.

Jennifer: Una totale mancanza di confronto. Non c'era un 'me' che guardava il mio compagno. In base alla mia esperienza c'era semplicemente il mio compagno. Nessuna pressione, nessun imbarazzo, solo questo Campo e in esso c'era il mio compagno, nel Campo della Consapevolezza. Semplice. Molto semplice.

Laura: Un senso di fusione.

Mark: È una cosa sola quando ti relazioni come quello Spazio rispetto a qualcun altro che è una cosa perché tu non puoi essere Spazio vuoto e quel qualcuno è quella cosa. Ma se due persone sono una Non-cosa l'intera cosa andrà ad esaurirsi. Due Non-cose essendo Nulla insieme hanno una qualità diversa.

Richard: Sì e no—perché nessuno perde la propria testa.

Mark: Dal mio punto di vista?

Richard: Sì.

Mark: Tu avrai ancora la tua testa, per me.

Richard: Sì. Tutti gli altri mantengono la loro testa. E ognuno è consapevole della sua propria testa.

Mark: Ma percepisco che tu non hai una testa.

Richard: Lo so! Ecco perché ho detto sì e no. Questa è la sua bellezza—è entrambe le cose. Ognuno è consapevole sia della propria testa che della sua Non-testa. Si tratta dell'Uno che diventa Molti.

Mark: Mi pare che quello che stai dicendo è che succede qualcosa al gioco nel momento del Vedere.

Richard: Sì.

Margaret: Smette di essere il gioco. Questa è una bella cosa.

Richard: È un gioco diverso. Non smetti di giocare ma si tratta di un gioco diverso. Fino al momento prima di vedere chi siete, voi vedete le persone solamente come cose. Cose molto carine ma oggetti. Quando vedete chi realmente siete, vedete anche chi sono realmente gli altri—benché il solo Spazio che vedete sia dove siete voi, esso va direttamente dall'altra parte, dalla parte degli altri e attraverso di loro, non è vero?

Margaret: Sì..

Richard: Non puoi contenere chi realmente sei. Dunque ora vedi che l'altra persona è una cosa e non lo è.

Mark: Non lo è?

Richard: C'è solo uno spazio che va in giro tutto il tempo e include gli altri. Lo Spazio appartiene sia all'altra persona che a te. È l'uno che parla a se stesso.

Mark: Giusto.

Richard: Essendo sia due che uno. Che cosa meravigliosa.

Eric: Sono ancora nello stadio in cui, talvolta, voglio fare un salto indietro nel gioco.

Richard: Sì. Non ti sbagli nel farlo. Non puoi sbagliarti. Non posso farlo in modo errato. Quell'urgenza a fare un salto indietro nel gioco è quello che fa andare il gioco in un primo momento. Penso che tu continui a fare questo. Non c'è nulla di sbagliato riguardo a questo perché non puoi avere l'urgenza di saltare indietro nel gioco mentre stai vedendo lo Spazio. Per cui anche quello va bene. E va molto bene, talvolta, dimenticarti chi sei, perché poi, quando te lo ricordi, hai una bella sorpresa.

Capitolo 20

Comunicazione da due lati

Questo esperimento riguarda il comunicare pubblicamente la verità di chi sei. Si dice che se vuoi imparare devi insegnare. O potreste dire, se vuoi imparare, comunica. Se vuoi imparare, rendilo pubblico! Imparerete moltissimo se lo rendete pubblico!

Quando condividete con un'altra persona ciò che è vero per voi, non è meno vero dopo che l'avete condiviso rispetto a prima di condividerlo, anzi in qualche modo risulta più reale. Ora è là fuori, di dominio pubblico. Ora le altre persone lo sanno. Quando gli altri lo sentono e lo riflettono nuovamente a te, qualcosa cambia. Non solo questo è vero quando parliamo di noi stessi personalmente, lo è anche quando esprimiamo la realtà di chi siamo realmente. In questo esperimento vi inviterò a parlare di chi realmente siete in pubblico—comunicando agli altri la vostra esperienza del vostro Vero Sé. Non sto parlando di niente di complicato, semplicemente di descrivere l'essere senza testa.

Normalmente quando comunichiamo con qualcuno non parliamo solo di noi stessi ma anche dell'altra persona. Se qui sto conversando con Chris, parlerò a Chris di me stesso e Chris mi parlerà di sé stesso. Ma rimanderò indietro in qualche modo la mia impressione di lui o altro e lui farà la stessa cosa per me. In questo modo riusciamo a vedere noi stessi con gli occhi dell'altro. Dunque non stiamo solo pensando a noi stessi, stiamo anche pensando e sentendo per l'altra persona. Ci mettiamo nei suoi panni. È uno scambio bilaterale. In questo esperimento andremo ad esplorare questo tipo di comunicazione con la nostra Vera Identità come focalizzazione.

Istruzioni

Dimostrerò insieme a Chris come si fa. Poiché ci sono due lati di questo esercizio, uno di voi sarà A e l'altro B. Io sono A e Chris, tu sei B. Dato che io sono A, inizio io. Prima descriverò la mia Vera Natura a Chris. Poi mi metterò nei panni di B—nei panni di

Chris—e descriverò la sua esperienza. Poi sarà il turno di B. Vedrete cosa voglio dire.

Sto parlando dal mio punto di vista—Chris, io sono fatto aperto per te. Ho la tua faccia al posto della mia. Vedo la tua faccia presente nel mio Spazio qui. Io sono Spazio per te. Sto guardando fuori da un Occhio Singolo qui. Sono spalancato e in questa apertura trovo tutte le mie sensazioni, tutti i miei pensieri e te.

Vedete quello che sto facendo? Sto comunicando a un'altra persona chi sono io. Sto dicendo questo direttamente a Chris, direttamente a questa persona qui presente, non in modo astratto, nell'aria, a nessuno in particolare. Chris, io ho la tua faccia proprio qui dove io sono. Io sono vuoto per accogliere te.

Ora mi metterò nei panni di Chris e descriverò com'è dal suo punto di vista. Solo poche frasi sono sufficienti. Dal tuo punto di vista Chris, tu non vedi la faccia di Chris là—tu sei fatto Aperto per Richard, per me. Tu sei Vuoto là dove tu sei. (Posso usare dei gesti, impiegando le mie mani per portare l'attenzione di Chris al suo Spazio là.). Sei completamente aperto, il tuo Occhio è Singolo, includi ogni cosa. Tutto ciò che esperimenti sta fluttuando là nella Vacuità. Ora tu sei Spazio per me. Là sei totalmente Immobile.

Ora tocca a te Chris. Quindi per prima cosa descrivi il tuo lato.

Chris: Richard, io sono fatto Aperto per te. Sono Spazio per la tua faccia. Sono completamente spalancato, sono come uno specchio.

Richard: Fantastico. Ora mettiti nella mia posizione.

Chris: Richard, tu sei fatto Aperto per me. Sei Spazio, sei una Non-Cosa piena di Chris.

Richard: Grazie. Perfetto. Va bene, decidete chi è A e chi è B. L'idea è di aiutarvi uno con l'altro ad essere consapevoli di chi siete realmente entrambi. Quando vi mettete nella posizione dell'altra persona, semplicemente descrivete la sua Visione.

Sentirci visti così come siamo

Quando qualcuno vi sta descrivendo com'è essere chi realmente siamo, notate com'è ricevere la sua comunicazione. Ora farò questo esperimento con John. Mi metterò nei tuoi panni, John, e ora immaginerò com'è essere te. Voglio verificare se ti senti visto per chi realmente sei o no. D'accordo?

Dunque, mi metto nella tua posizione. Là tu sei senza testa, sei spalancato, non hai confini, là sei immenso, sei senza fine, là c'è un'unica Visione. Al momento la tua Visione è riempita non solo da Richard ma anche da tutte le sensazioni e da tutti i suoni presenti nello Spazio.

Ti senti visto per chi realmente sei?

John: È stupefacente. È fantastico. Devo dirtelo, è assolutamente, assolutamente meraviglioso. Realmente profondo. Mi stai semplicemente facendo aprire. Stavi descrivendo la mia Vera Natura e vedendo la mia Vera Natura come mia potenzialità. Ci stai proprio andando pesante al mio posto. Mi stai fornendo la verità. E l'hai presentata come un dato di fatto che è realmente difficile da negare. Questo è realmente bello. Ti ringrazio moltissimo.

Entrare un po' di più in empatia

Peter: Ce l'ho, il potere di esternare le cose. Ma se sono fuori per la strada con te, a prendere una tazza di tè o qualcos'altro e ti conosco poco, perché dovrei dirti che sei senza testa?

Richard: Stai già dicendo alle persone chi sono a livello umano. Se ci incontriamo per strada non serve che parli proprio con me, ti potresti mettere nei miei panni, almeno fino a un certo livello, e potresti pensare e sentire al posto mio fino a un certo livello. Anche se mi dici che ho un bel aspetto o che sembro stanco, ti stai mettendo in un certo modo al posto mio e sentendo per me. Per cui lo stiamo già facendo. Stiamo già muovendoci avanti e indietro tra il nostro punto di vista e il punto di vista dell'altro. Quando entri in empatia con qualcun altro, stai vedendo le cose dal suo punto di vista. Normalmente entriamo in empatia con qualcun altro a livello umano e quando qualcuno entra in empatia con te correttamente, tu ti senti guardato e compreso e si spera apprezzato. È un'ottima cosa da fare. Essa va ad influenzare il modo in cui percepite voi stessi. La maggior parte di voi è piuttosto brava a farlo. In questo esercizio stiamo entrando un po' di più in empatia. In altre parole non solo entro in empatia con quello che significa essere te in termini di ciò che pensi e senti e così via, sto anche entrando in empatia per quanto concerne il tuo essere Spazio per il mondo. Tu sei Capacità per il mondo, il che include l'essere Capacità per quello che pensi e senti. Normalmente non parliamo di questo lato di un'altra persona. Quando lo facciamo, stiamo rispecchiando chi realmente è.

Peter: Ma l'altra persona potrebbe non voler ascoltare.

Richard: Sì, ma noi siamo in un gruppo dove le persone vogliono ascoltare.

Dale: Quello che mi era parso di sentire era di andare da uno che non conosciamo e parlargliene.

Richard: No, non vi suggerirei di farlo.

Dale: È bene che tu lo chiarisca.

Richard: Non ve lo suggerisco. Chiaramente l'altra persona deve essere interessata. Non va bene imporre questo agli altri. Ma lasciatemi dire che io sono l'altra persona e voi sapete che sono interessato. Avete parlato riguardo alla vostra esperienza di essere senza testa. Una volta che mi avete detto chi realmente sono, siete liberi di dire, 'Ad ogni modo, tu sei simile a me. Anche tu sei fatto aperto per il mondo.' In altre parole, voi non vi limitate solamente a dirmi chi realmente siete voi, andate anche avanti a riflettere che anche io sono questo Spazio. In questa stanza siamo tra amici per cui va bene farlo. Ognuno qui è venuto per sperimentare chi realmente è. Per cui io sono libero di dirvi, 'Anche voi siete fatti Aperti. Anche voi siete Spazio per altri.' Questa è una cosa profonda e bella da dire a qualcuno. Perché fermarsi limitatamente alla sua umanità? Perché scambiare solo le visioni riguardanti chi siamo come persone quando anche voi siete a conoscenza di chi realmente siete? Questo è un invito a comunicare sia ciò che riguarda chi realmente siamo sia ciò che riguarda la nostra umanità. Naturalmente non sto dicendo che dovreste farlo. Sentite voi qual è il modo più appropriato per voi. Quando mi guardate—potete farlo ora con me—siete senza testa e siete spazio per Richard. È Vero?

Peter: Sì. Ma l'idea che questa scena infinita che sta proprio di fronte a me, sia me—quella è la parte che sto cercando di elaborare.

Richard: Non penso potremo mai capirla, ma possiamo immergerci in essa.

Peter: Va bene, questo mi piace. E tu, come me, sei senza testa. Tu hai me come parte del tuo Spazio. E io sono nella tua testa! Nella tua Non-testa!

Richard: Io sono in te, tu sei in me. Io sono te e tu sei me.

Roger: Sono sicuro al cento per cento di questo in base alla mia personale esperienza, ma quando dico che tu sei uguale, che là tu sei senza testa…. questo lo sto sperimentando qui direttamente dove io sono ma non lo sto sperimentando direttamente laggiù dove tu sei. Presumo che tu sia lo Spazio. Forse potrei dire che sono certo al novantanove per cento che tu sia lo Spazio, come dicevi prima.

Richard: Io sono senza testa per te, e sono certo al novantanove per cento che tu sia senza testa per me - questo lo comprendo. Ma ora pensa a questo in termini di ascolto—mentre ti sto guardando, sto ascoltando me stesso che parla. Non posso vedere la mia bocca per cui per me la mia voce non sta uscendo da qui, dalla mia bocca, ma sta uscendo dal Nulla. Le mie parole appaiono qui nel Silenzio. Quando tu parli anche la tua voce nasce nello stesso Silenzio. È una specie di laggiù ed è la voce di Len, e la voce di Richard è laggiù ed è quella di Richard, ma entrambe le voci stanno accadendo in questa Unica Consapevolezza. Io sono questa Unica Consapevolezza per cui io sto parlando con due voci. Sono sicuro al cento per cento che le nostre due voci sono in una sola Consapevolezza. È vero anche per te?

Roger: Sì. Lo sto sperimentando qui.

Richard: Sì, è tutto qui in un'unica Consapevolezza, non è vero?

Roger: Sì.

Richard: Qualcun altro vuole provare? 'Io sono senza testa, sono spazio per voi. Voi siete senza testa, siete spazio per me.' Potete improvvisare su questo tema.

George: Io sono Spazio aperto per te, per la tua faccia, per la tua apparenza. E tu sei Consapevolezza aperta, Spazio aperto per la mia apparenza.

Namasté

Richard: Questo è un modo profondo per apprezzare gli altri. Non li state apprezzando solo come cose—io ora vi sto apprezzando come Spazio per qualsiasi altro. Questo significa portare questa Realtà in prima posizione. Ognuno qui è Spazio per qualsiasi altro. Questo è riconoscere chi realmente siamo tutti noi. Questo è riconoscere che io sono voi e voi siete me. Quando gli Indiani incontrano qualcuno e lo salutano con il gesto di 'namasté', unendo i palmi delle mani, il significato di ciò è—'Io onoro l'Uno che c'è in te. L'Uno che c'è in te là è lo stesso Uno che c'è in me qui. Noi due siamo Uno.' Questo è quello che stiamo facendo qui—io sto riconoscendo e onorando il fatto che io qui sono Spazio per voi, e che quello che siete voi là è Spazio per me. Colui che è Spazio per gli altri è l'Uno. Riconoscere questo è rispettare veramente voi stessi e gli altri. Io non riesco a vedere come possiate offrire più alto rispetto se non riconoscendo chi realmente sono. Questa è la verità riguardo a noi. La società non si è ancora risvegliata a questa verità. Non si tratta di sognare, non è un desiderio pensato, non si tratta di unirsi a un club che crede di essere l'Uno—in qualsiasi modo lo verifichiate, voi siete l'Uno e ognuno è l'Uno. Che vi piaccia o meno, questa è la Verità. Ed è una verità fantastica. È la più bella notizia al mondo. Non avete bisogno che nessun altro la confermi, la vedete da voi.

Vedere chi realmente siamo è una cosa curativa. È guarire voi stessi, ma non potete separare la vostra guarigione da nessuno con cui voi stiate. Quando siete consapevoli del vostro Vero Sé, siete consapevoli di esso per gli altri e siete gli altri, perché non potete vedere chi realmente siete senza includere gli altri. Ognuno è dentro di voi. Voi non state Vedendo in qualità di persona ma come l'Uno—l'Uno che è tutti. Voi state Vedendo come foste tutti e per tutti. Quando vedete chi realmente siete, voi siete l'Uno che è dentro tutti gli esseri e che si sta risvegliando a se stesso.

Come una promessa di matrimonio

Ho tenuto un seminario durante una conferenza in California lo scorso anno. Abbiamo fatto questo processo seduti in cerchio invece di dividerci a coppie. Una persona sceglieva qualcuno nel cerchio e faceva l'esercizio con lei—'Io sono spazio per te e tu sei spazio per me', e così via. Alla fine del seminario un uomo venne a parlare con me. Era un prete Buddista. Egli mi disse che vedere le persone parlare tra loro in quel modo lo aveva realmente commosso - farlo in cerchio significa che ognuno è testimone delle due persone mentre parlano tra loro. Per cui ognuno è coinvolto, guardando ciò che sta succedendo—guardando due persone che comunicano tra loro riguardo a chi realmente sono. Il prete disse che quando le persone lo stavano facendo egli aveva percepito come se si stessero benedicendo a vicenda. Io ho capito cosa voleva dire—ciò veniva percepito come una benedizione. Quando vi dico, 'Ora voi siete totalmente aperti, siete Spazio per me e per ogni cosa', questa è una profonda benedizione. Quando qualcuno vi sta parlando riguardo alla vostra Apertura, indicandola, celebrandola, non vi sentite profondamente visti per chi realmente siete?' ' Là voi siete trasparenti! Là siete completamente aperti!' È meraviglioso essere visti in questo modo, non è vero? Siete benedetti.

Egli disse anche, 'Come ministro della chiesa io sposo le persone, e ascoltando le persone parlare uno con l'altro è stato come sentirli pronunciare le loro promesse di matrimonio a vicenda!' Mi era chiaro che cosa voleva dire. Questa è la più profonda dichiarazione che possiate fare a un'altra persona—'Io sono te e tu sei me.' È come una promessa di matrimonio perché state dichiarando in pubblico la vostra profonda connessione con qualcuno—la vostra identità a qualcuno.

Ho fatto questo processo con un gruppo a Dublino all'inizio di quest'anno. Era un gruppo all'interno di un programma di formazione per laici in un College Cattolico. Il gruppo si incontrava regolarmente per cui si conoscevano bene tra loro. Ero stato invitato a unirmi a loro per una mattina a condividere con loro gli esperimenti. Ho raccontato loro la storia del ministro della chiesa Buddista e quello che aveva detto riguardo a questo scambio che secondo lui sembrava il farsi una promessa di matrimonio. Poi iniziai l'esperimento. Due persone dissero che avrebbero iniziato per prime—George e Linda. George disse che avrebbe iniziato lui—Linda era seduta dall'altra parte del cerchio rispetto a lui. Quindi George guardò dall'altra parte verso Linda, (loro erano amici) e disse, 'Linda, io sono Spazio per te, io sono Spazio per te, sono assolutamente e completamente aperto per te. E tu sei me, tu sei Spazio per me, tu sei Spazio per me.' E Linda rispose, 'Sì, sì!' Aveva preso spunto dalla promessa di matrimonio. È stato molto divertente.

Comunicazione non-verbale

La trasmissione del vostro stato di coscienza è per la maggior parte non-verbale, che siate nello stadio del neonato, del bambino, dell'adulto o del vedente, per cui usare gesti non-verbali nella condivisione del Vedere può essere efficace. Io muovo le mie mani in questo modo [dentro e fuori dal mio Vuoto] e voi sapete a che cosa mi sto riferendo—ora che avete fatto alcuni esperimenti. Ora guardate—sto allontanando le mie mani di fronte alla mia faccia come se stessi aprendo delle tende. Infine le mie mani scompaiono qui nello Spazio, dal mio punto di vista. Provatelo. Funziona anche per voi? È come aprire e pulire, non è vero?

Brendon: Per me non funziona.

Richard: Lo farò con te. Guarda avanti, non me in particolare. Muoverò le mie mani di fronte alla tua faccia come se stessi aprendo delle tende di fronte a te, e poi le muoverò nel tuo Vuoto, di modo che la tua attenzione sia attratta dallo Spazio aperto là dove tu sei.

Brendon: Oh sì!

Richard: Nel seminario in California dove stavamo onorandoci a vicenda in questo modo, comunicando a qualcun'altro la realtà che tutti noi siamo, una donna disse che voleva fare questo esercizio ma non verbalmente. Disse che era una persona molto verbale, che usava molto le parole, e voleva vedere se poteva comunicare la sua Vera Natura a qualcuno e rispecchiare la Vera Natura di quella persona senza parole. Guardò qualcuno dall'altra parte del cerchio e fece dei gesti per indicare che era senza testa, che era Capacità per quell'altra persona, e poi fece dei gesti per indicare che anche l'altra persona era Capacità, che l'altra persona era Spazio per lei. Poi l'altra persona rifece la stessa cosa a lei, non verbalmente. Fu di molto effetto e commovente. Tutti noi sapevamo esattamente che cosa riguardava quella comunicazione.

Sensi non-visivi

Possiamo includere gli altri sensi in questo modo di comunicare. Ve lo farò vedere con Steve. Steve, io sono Spazio completamente aperto per te. Non solo sto vedendo che qui è vuoto per te e che ho la tua faccia invece della mia, ma percepisco anche che le sensazioni del mio corpo stanno fluttuando in questo Spazio, esse sono libere, e si fondono con i muri della stanza. Ora mi metto al posto tuo. Là Steve, tu non vedi la tua faccia. Sei completamente aperto, infinito, e sei riempito da Richard e da qualsiasi altra cosa che sta avvenendo. Inoltre, anche le sensazioni del tuo corpo sono libere, stanno fluttuando là nello Spazio. Vuoi provare questa cosa con me? Occupati prima del tuo lato, poi del mio lato.

Steve: Sto notando che sono senza testa, Richard è qui nel mio Spazio. Noto anche che tutte le cose che stanno accadendo nello Spazio—le mie sensazioni, le mie emozioni, quello che sento e ogni cosa, sono tutti nella stessa Consapevolezza come la tua testa. E dal tuo punto di vista, tu sei senza testa, Sei Capacità per me, per le sensazioni e per i suoni.

Richard: Grazie. Quando lo faccio a te, quando dico che mi metto al posto tuo, Steve, e che là tu sei completamente aperto, che guardi fuori da un Occhio Singolo, e che lo Spazio là è pieno di pensieri, emozioni, sensazioni, memorie e cose che stanno accadendo nello Spazio, non ti senti visto come chi realmente sei?

Steve: Sì.

Margaret: È meraviglioso che questo accada in questa stanza. Ci hai spinti a riconoscere e a condividere le cose. Tutti i suoni stanno arrivando da quell'unico Spazio, voci multiple ma Una Consapevolezza. È tutto là—ognuno sta sperimentando le sue sensazioni in quell'Unico Spazio.

Richard: È vero, no? Siamo fatti aperti per accoglierci vicendevolmente, per accogliere il mondo, per le stelle.

Parlare a nome di tutti

In un altro seminario c'era un ragazzo che era arrivato in ritardo di circa un'ora al seminario. In ogni caso lo abbiamo portato dalla nostra parte nel giro di cinque minuti in termini di vedere chi realmente era. Poi verso la fine del seminario abbiamo fatto questo esperimento—scegliere qualcuno e comunicargli il fatto di essere senza testa. Lui disse, 'Vorrei provare.' Io dissi, 'Benissimo!' Poi lui disse, 'Non voglio fare l'esercizio solo con una persona, voglio farlo con tutti voi.' Il mio primo pensiero fu, 'Oh, non è quello che si chiede di fare! Si chiede di farlo solo con una persona,' Poi ho pensato, 'Rilassati semplicemente e guarda cosa accade.' Prima si rivolse all'intero gruppo, 'io sono senza testa per tutti voi, voi siete tutti in me,' Poi disse, 'E voi siete senza testa per me,' Egli parlava per tutti. Poi tutti nel gruppo risposero—'Noi siamo senza testa per te e tu sei senza testa per noi.' Fu stimolante. Esprimeva chiaramente il fatto che quando scoprite chi realmente siete scoprite chi realmente sono tutti. Poi potete parlare per tutti. 'Siamo tutti Spazio uno per l'altro,' Questo è un modo profondamente diverso di relazionarsi, non è vero? Non si tratta più di vedere se stessi come separati uno dall'altro. Il vostro sé separato è reale. Io rispetto quella realtà. So che noi siamo separati nel senso che so che voi non avete i miei pensieri e non provate le mie sensazioni. Tutto ciò è vero. Ma anche questo è vero—'Io sono Spazio per voi e voi siete Spazio per me. Io sono in voi e voi siete in me.' Ignorerò quell'aspetto della nostra relazione? Ignorerò il fatto che voi siete in me e io in voi? Spero di no!

Non un'esperienza di picco

Steve: Sono stato influenzato e depistato da ciò che hai fatto con John poco fa perché la risposta di John è stata, 'Wow! È veramente incredibile, è appena accaduto qualcosa di fantastico.' Mi aspettavo che mi accadesse qualcosa di fantastico. Ma penso che ascoltare ognuno di voi sia stato di aiuto a risolvere la questione.

Richard: Che cosa, durante la conversazione, ti ha aiutato a risolverla?

Steve: Sentire le diverse esperienze delle altre persone, la varietà delle risposte, mi ha aiutato a sentirmi rassicurato del fatto che non avevo niente da raggiungere, che si tratta solo di riconoscere che è così. Non ho nessun problema a riconoscerlo ma mi aspettavo di illuminarmi!

Richard: Sembra che ora tu stia distinguendo tra la pura esperienza di chi realmente siamo e la conseguente reazione di ogni persona. Fantastico. Questa è una curva di apprendimento per tutti noi. Tendiamo a pensare—'Che la persona lo abbia raggiunto e io no.' Non è così! Questa persona sta semplicemente vivendo la sua esperienza in modo diverso da te. La sua esperienza cambierà. John, la tua esperienza, la tua reazione, è cambiata ora, non è vero? In questo preciso istante le tue sensazioni sono diverse da quelle che erano quando abbiamo avuto quella interazione?

John: Sì, sono cambiate. Un poco.

Dale: Ecco perché noi facciamo una distinzione, nella nostra tradizione Zen, tra quelli che sono i sottoprodotti—i sottoprodotti possono essere esilaranti o spaventosi. Essi vanno in molte direzioni. Mi piace molto il termine 'presenza incondizionata'—esso enfatizza di più il lato neutro di tutto ciò. Quelle esperienze che siano di esaltazione o di paura nascono sempre dallo stesso Spazio aperto e vuoto che vede entrambe equamente. C'è imparzialità ed uguaglianza in tutto, compostezza, pace, serenità proprio qui come realtà naturale. Essa può permettere che la completa espressione di sé vada in qualsiasi direzione, che si espanda o si contragga. Quando le persone hanno esperienze di picco, ciò succede all'improvviso, ma poi sicuramene quando si alzano al mattino l'hanno persa. Questo non lo potete perdere.

John: Sì, ora sono euforico, ma non so come altro essere.

Richard: Va bene sentirsi euforici.

Dale: Stiamo solo facendo una distinzione tra ciò che viene e va, le sensazioni, e l'effettiva Realtà.

Richard: L'esperienza è non-verbale per cui ci sono molti modi diversi di pensarci e reagire. Man mano che andiamo avanti con questa esperienza neutrale, non-verbale si manifesteranno diversi modi di pensare e di reagire riguardo a questo. Non accadrà tutto oggi. E quello che accadrà se ne andrà. Ma ciò che rimane è l'esperienza neutrale. È come se continuaste ad andare in una mongolfiera verso l'alto e giù per terra. La terra è sempre là ma le vostre realizzazioni e sensazioni cambiano di continuo. Prima che possiate aver pensato, 'Oh meraviglioso, sono al massimo della corsa verso l'alto ed essere in cima è la Realtà.', subito dopo venite giù così che pensate che non state più sperimentando la Realtà. Invece no. La Realtà è la terra che è sempre al di sotto delle sensazioni che vanno sempre su e giù. Voi continuate ad avere queste onde di comprensione, sensazioni e aperture, ma ora siete consapevoli dell'esperienza neutra che sta sotto questi cambiamenti degli stati mentali—questa Realtà neutra alla quale avete accesso in qualsiasi momento, quando lo desiderate. Se la Realtà fosse in cima alla corsa della mongolfiera allora non avreste accesso ad essa a vostro piacimento, ma poiché essa è la terra al di sotto di ogni cosa, la Terra dell'Essere, questo semplice Nulla che è sempre disponibile non importa che cosa stiate percependo—non potete vedere la vostra testa—potete accedervi quando volete. È neutra. Libera, la stessa per tutti.

Andrew: Non puoi essere lo Spazio per il loro Spazio—c'è solo uno Spazio.

Richard: È un buon modo per dirlo.

Andrew: Te lo stavo chiedendo…

Richard: Non sono io che te lo devo dire perché non ne hai bisogno che te lo dica. Sto solo dicendo che è interessate per me sentire che lo descrivete in questo modo. Ci apre a un altro modo di pensare le cose.

Capitolo 21

La Storia di una Creazione

Il nostro sviluppo attraverso i quattro stadi del neonato, del bambino, dell'adulto e del vedente possono essere raccontati come una specie di mito della creazione, una storia. Ecco la mia versione di questa storia—

In principio c'era l'Uno. L'Uno siete voi—voi soli sperimentate un Occhio Singolo, che è vostro. Solamente una Visione, solo un campo di sensazioni, solo un campo di pensieri. Voi siete l'Uno—questa storia riguarda voi.

In principio c'era l'Uno.

Prima del principio non c'era nulla. Non potete immaginarlo perché se immaginate il nulla allora voi siete là che lo state immaginando, dunque non è più nulla. Ma questa è una storia e in una storia potete immaginare l'impossibile. Per cui prima dell'inizio non c'era nulla—una notte senza fine di non-essere.

Bang! E tu accadi!
Poi, Bang! Voi accadete. Dio accade. Rappresentate Dio in qualche modo. Io rappresento Dio come un vecchio con la barba, (lo so, sono convenzionale!) ma fatevi avanti con la vostra propria immagine. È una storia. Per cui un momento prima non c'è nulla e un momento dopo c'è Dio, che appare miracolosamente fuori dal nulla—fuori da meno che niente.

Potete immaginare Dio sentendovi assolutamente sbalorditi. 'Da dove è venuto?' Io sono appena apparso fuori da nessun luogo! Come ho fatto?' Ho raggiunto l'Essere! È impossibile! Pura magia!'

Voi siete l'Uno. Questa è una storia che riguarda voi. Questa è la somma meraviglia della vostra esistenza, la vostra auto-creazione. 'Questo è stupefacente. Non sono in grado di spiegarmelo. Io ci sono! Che meraviglia Essere. Non so come mi è successo di Essere mi è accaduto. Mi sono concepito da solo! Nessun altro lo ha fatto. Io da solo ho raggiunto l'Essere!

Siete scioccati! Non siete in grado di superare il fatto stupefacente di essere accaduti—senza aiuto, senza programmazione, senza niente! Datevi un pizzicotto per essere sicuri che non state sognando... La vostra esistenza è una sorpresa e un mistero per voi. Dite a voi stessi. 'Che cosa intelligente! Infatti, è stato brillante! Puro genio! Ho appena inventato me stesso dal nulla!'

Il vostro pensiero successivo sarà, 'È così bello che desidererei condividerlo con qualcuno.

Se vi succede qualcosa di bello è naturale che vogliate condividerlo. Diciamo che ottenete un nuovo lavoro o vincete un premio—quando condividete delle buone notizie qualcosa cambia perché la persona con la quale le condividete può rimandarvele indietro con le sue proprie parole, dunque potete vederle in un modo differente. La vostra comprensione aumenta. E potete celebrare insieme a lei, per cui la vostra gioia cresce.

Raggiungere l'Essere è la più fantastica delle Buone Notizie, quindi è naturale volerla condividere. 'È così splendido Essere. Mi piacerebbe condividere la mia eccitazione riguardo all'Essere con qualcuno.'

Ma naturalmente non c'è qualcuno con cui condividerlo perché gli unici ad essere siete voi! Voi siete il Solo, l'Incomparabile Uno, 'l'uno senza un secondo uno'. Solo voi avete raggiunto l'essere.

Vi sentite frustati di non poter condividere la vostra gioia. Vi sentite anche tristi (È una storia!)

'Che bello sarebbe avere un amico con il quale io possa condividere la mia meraviglia, la mia eccitazione, la mia gioia!'

Siete anche annoiati. 'Mi piacerebbe avere un'avventura, viaggiare, ma non c'è nessun luogo dove andare—niente al di fuori di Me, nessun luogo a parte questo qui. Se ci fossero altri posti allora me ne potrei andare via, vedere cose nuove, rischiare un po', sperimentare il brivido dell'avventura.'

Nessun posto dove andare e niente da fare—solo Essere. Essere. È sempre la stessa cosa. Nessuna modifica, nessun tempo, nessun passato per poter guardare indietro, nessun futuro per poter guardare avanti, niente 'altri' con i quali avere delle avventure in 'altri posti'.

Stadio Uno—Il Neonato

Questa è una storia! È una storia che riguarda voi—che riguarda chi realmente siete. L'inizio della storia si colloca all'inizio della vostra vita. Quando eravate un neonato non sapevate ancora che c'erano gli 'altri'—non avevate sviluppato nessuna idea di altre menti. Né avevate sviluppato ancora l'idea di altri posti. Il vostro mondo si limitava a ciò che era fisicamente dato nel vostro Occhio e niente di più. Né avevate sviluppato l'idea del tempo—il passato e il futuro non erano ancora accaduti per voi. C'era solo l'adesso. Per dirla molto semplicemente, c'era solo una Consapevolezza, solo qui, e solo ora. Nel primo stadio eravate quell'Uno di cui sto parlando in questa storia—l'Uno senza un altro, senza altri posti, senza altri tempi.

In questo primo stadio voi in qualità dell'Uno non conoscete voi stessi perché non avete nulla con cui paragonarvi. Come neonati, non solo non sapete niente riguardo a voi stessi come persona o riguardo agli altri, ma non avete neanche nessuna idea riguardante l'Uno. Voi siete l'Uno senza sapere di essere l'Uno. Naturalmente senza linguaggio non siete in grado nemmeno di pensare una qualsiasi di queste cose.

In questa storia arrivate a una soluzione per la vostra mancanza di amici e avventura e per la vostra ignoranza rispetto a chi realmente siete. La vostra reazione è creare sé e gli altri, spazio e tempo—in modo da avere altri con cui condividere la vostra gioia, e in modo che ci siano posti dove andare e il tempo per fare tali cose. E l'abilità di andarsene via significherà che voi potete ritornare e conoscere voi stessi in un modo nuovo. Come potete creare tutto questo dal nulla? Sembra impossibile. Non avete un indizio su come farlo. Ma voi realizzate che come l'Uno avete già raggiunto una cosa impossibile prima di colazione—l'Essere! Due cose impossibili non sono più impossibili di una. Per cui create il sé, gli altri, lo spazio e il tempo.

Stadio Due—Il Bambino

Ma tanto per cominciare il sé e gli altri non sono reali. Essi sono come delle sagome, semplici 'figure-nella-consapevolezza'. Non hanno una realtà indipendente. Poiché non sono reali non soddisfano il vostro desiderio di relazionarvi—tra una persona reale qui ad altre persone reali là. Questo stadio nella storia corrisponde al secondo stadio del neonato o bambino, quando state iniziando ad apprendere che siete quello-nello-specchio, che là ci sono gli altri, che c'è un mondo separato da voi e c'è il tempo, ma non avete ancora preso in considerazione tutto questo come realtà. Voi volete un sé reale, e altri con i quali avere delle avventure, ma in a questo stadio—in questa storia!—il sé e gli altri non sono più reali dei personaggi in un gioco al computer. Se perdete il vostro 'avatar', il vostro 'eroe' nel gioco, o uno dei vostri amici, non fa nessuna differenza perché non sono reali. È come guardare un film, ma essere consapevoli che voi siete uno spettatore, per cui non siete realmente coinvolti. Non sentite che quello che accade nel film è reale. In un gioco al computer potete saltare davanti a un autobus per divertimento perché sapete che non potete morire. Ma dopo un po', che cosa c'è di divertente in tutto questo? Vi ricordate il gioco degli adesivi che abbiamo fatto? Se lo prendete 'solo come un gioco' non vi importa realmente di ciò che accade. Non importa se avete ragione o torto riguardo a voi stessi o agli altri perché 'è solo un gioco.' Ma come qualcuno di noi ha scoperto, se ci identifichiamo proprio con l'adesivo, il gioco non è più solo un gioco. Ci importa di quello che accade.

In questa storia vi rendete conto che perché il mondo e gli altri siano reali e convincenti e intensi e veri, dovete dimenticare di essere Dio e diventare uno dei personaggi—nel film, nella storia, nella vita. Dimenticando che siete Dio e identificandovi con la vostra apparenza significa che prenderete in considerazione voi stessi seriamente come persona e pertanto prenderete altrettanto seriamente in considerazione gli altri.

A questo punto della storia, prima di identificarvi pienamente con quello-nello-specchio, vi fermate. Vi chiedete, 'C'è qualche garanzia che mi ricorderò di essere Dio più avanti?' Vi rendete conto che non c'è nessuna garanzia. Forse non ve ne ricorderete mai. Nervosi per quello che potrebbe accadere, fate un passo indietro dal diventare una persona. Questo corrisponde ai momenti in cui nell'infanzia regredite e siete nuovamente un neonato. È più sicuro essere l'Uno, che sogna nella bolla dell'Unicità, per cui vi ritraete dal 'mondo reale', dagli 'altri reali', da tutta la responsabilità del vostro 'sé'.

Ma ben presto—nella storia!—voi come Dio realizzate di non voler stare avvolti nel vostro bozzolo, nella prevedibile sicurezza e solitudine dell'Uno. Volete l'avventura, volete compagnia. Realizzate che la sola strada da seguire è dimenticare che voi siete Dio e diventare una persona in un mondo di altri reali, prendendovi il rischio che forse non ricorderete mai chi realmente siete.

Non mi ricordo precisamente i dettagli della scena del film Matrix, ma penso che Morpheus dia all'eroe Neo la possibilità di scegliere—se egli prende la pillola blu poi rimarrà dentro Matrix, nel sogno, ma se prende la pillola rossa si risveglierà alla realtà. Quando siete dentro Matrix, non sapete che state sognando, pensate che sia la realtà. Ad ogni modo, qualcosa di questo tipo. In questa storia della creazione, diventare una persona è il momento in cui entri nel sogno. Se scegli di diventare una persona e dimentichi che sei Dio, dimentichi di avere scelto. Dimentichi che questo 'non è reale'.

Per cui è una decisione terrificante da prendere. Ma dopo aver esitato per un po' decidete di rischiare perché non volete andare avanti a sentirvi tristi e annoiati. (È una storia!). Pensate: 'Mi prendo il rischio di dimenticare di essere Dio e di diventare una persona in questo incredibile gioco che ho creato, il gioco della vita. So che se divento una persona poi questo gioco non sarà più per molto un gioco perché sarà l'unico gioco, l'unica storia, Esso sarà reale. Ma prenderò il rischio e salto dentro l'essere una persona.'

E voi saltate.

Tutti noi abbiamo fatto quella scelta. Non è una scelta consapevole ma tutti noi l'abbiamo fatta. Tutti noi abbiamo saltato. Tutti noi siamo diventati quello-nello-specchio.

Stadio Tre—L'Adulto

Nel terzo stadio siete Dio inconsapevoli di essere Dio. Siete Dio pienamente convinti di essere una persona nella società. Non trattate voi stessi come un personaggio di un gioco al computer che potete gettare davanti ad un autobus per divertimento. Voi siete reali. Quello che accade a voi e agli altri conta. Non potete più essere un treno o un uccello o un mostro, ora voi siete una persona. In questo stadio l'idea di essere qualsiasi cosa al di là di una persona è un'illusione, e l'idea di essere Dio non è solo stupida e pazza, è anche blasfema. Voi siete esseri umani che sono nati e che moriranno. Quello siete voi. Ora siete profondamente inconsapevoli del vostro Vero Sé. Questo stadio è riflesso in quelle fiabe dove l'eroe o l'eroina sono vittime di un incantesimo. Nell'età adulta siamo stregati, vittime di un incantesimo, soggetti alla profonda illusione che noi siamo quello che appariamo. Dio sta guardando nello specchio ed è convinto che quello là è dentro quel corpo e che gli altri sono esseri separati proprio come lui. Voi state guardando nello specchio e siete convinti che siete quella apparenza. Non avete idea che quello che sta guardando è Dio—che voi che state guardando siete Dio.

Man mano che cresciamo impariamo che il mondo, il tempo e gli altri sono sempre stati là—semplicemente non ne eravamo ancora consapevoli. Ma la mia esperienza è che all'inizio della mia vita essi non erano ancora là. Nel corso di mesi e anni queste cose sono emerse nella mia Consapevolezza—i Molti sono sorti dall'Uno, da Me. Io come Uno sono fiorito nei Molti. Io come Uno ho creato il sé e gli altri, il mondo e il tempo. Poi durante l'età adulta ho negato di averlo fatto! Ho rinnegato la mia creazione. Ho ingannato me stesso!

La maggior parte di noi pensa che questo terzo stadio sia la fine della storia. La Società ci dice che questo è tutto quello che riguarda la vita—crescere comporta il trovare chi siamo nella società, prendersi la responsabilità o meno per essere quello (quando conviene!), e fare del vostro meglio con le carte che avete in mano. Ad un certo punto potreste pensare,' Questo è realmente tutto quello che riguarda la vita? Ho scoperto chi sono come persona—è tutto qui? È questo il massimo che posso ottenere?'

Ma v'è un quarto stadio—che è a noi nascosto nel terzo stadio. Il quarto stadio è risvegliarci a chi realmente siamo. Se siete fortunati vi capiterà di sentir parlare di questo quarto stadio. Vi giungeranno voci che c'è qualcosa in più che vi riguarda rispetto a quello che vi è stato detto, che non siete solo quello-nello-specchio. In questo seminario state sperimentando queste voci. Dal punto di vista di chi realmente siete, voi siete Dio che decide di dare una nuova occhiata a voi stessi. Consapevoli che potete sbagliarvi rispetto a chi siete, decidete di interrogarvi rispetto al modo in cui vedete voi stessi, rispetto al modo in cui la società dice di vedervi.

Stadio Quattro—Il Vedente

Vi ho detto che vi siete assunti il rischio di non poter forse mai più riscoprire chi realmente siete. Sembrava che le cose fossero così. In effetti ora scoprite di aver lasciato in giro qualche indizio riguardo alla vostra Vera Natura.

William: Briciole di pane.

Richard: Sì. Ecco un indizio, un segnaposto che avete lasciato mentendo—indicate il posto in cui gli altri vedono la vostra faccia. Fortunatamente avete messo questo promemoria al suo posto così che oggi sarete in grado di vedere il vostro vero sé. Avete fatto una cosa carina per voi stessi. Ma ora che siete consapevoli di essere l'Uno, vi dimenticate di essere una persona? No. Ora ricominciate a relazionarvi con gli altri come fossero solo 'immagini-nella-consapevolezza'? No. Voi siete l'Uno, ma allo stesso tempo pensate, sentite e agite con ogni fibra del vostro essere come se foste una persona e gli altri fossero reali.

Ora avete ottenuto ciò che volevate all'origine, perché all'inizio voi volevate veri amici con i quali potevate condividere la vostra eccitazione e la vostra gioia riguardo all'Essere e con i quali potevate vivere delle avventure. Eccoci qui. Qui in questo seminario ci sono altri reali con i quali state passando la giornata ad esplorare com'è essere l'Uno. Questi altri stanno riflettendo l'essere l'Uno in tutti i modi ai quali non avreste mai pensato da soli. Che meraviglia è tutto questo! Risvegliarsi all'Uno ma trovare che tutti gli altri sono d'accordo a questo proposito sarebbe un esercizio inutile, non è vero? Non avete messo su questo incredibile mondo solo perché gli altri dicano la stessa cosa. No. Voi volevate delle reazioni il più possibile diverse. Eccoci qui—ognuno di noi è diverso, ognuno esprime l'essere l'Uno a suo modo.

In origine—nella storia—eravate annoiati, volevate vivere delle avventure. Avere un'avventura significa che avete qualche posto dove andare. Anche se al momento non potete vederla, accettate il fatto che ci sia una stanza dall'altra parte della porta. E benché possiate solo sentire l'abbaiare di un cane ma non lo vedete, accettate che quello non sia solo un suono—che là ci sia veramente un cane. Accettiamo l'esistenza indipendente del mondo e degli altri il che significa che ci sono posti reali dove possiamo andare insieme ad altri reali. Inoltre accettiamo la realtà del tempo che non conoscevamo nel primo stadio del neonato, così possiamo programmare di fare delle cose in futuro e guardare indietro alla nostra esperienza passata. Ma perché l'avventura sia reale ci deve essere un elemento di paura, di rischio, di incertezza e di non conosciuto—se conoscete esattamente che cosa succederà e non ci fosse assolutamente nessun rischio, non sarebbe più un'avventura. Sarebbe qualcos'altro—che si chiama 'noia'! Ma la vita non è completamente prevedibile o sicura. Come Uno avete creato questa incredibile situazione che contiene rischio e pericolo ed è piena di sorprese. Persino con le cose più semplici non sapete esattamente che cosa accadrà poi. Io ho appena alzato la mano—qualcuno di voi sapeva che stavo per farlo? Io no!

Queste cose sono quello che volevamo all'inizio della storia. Volevamo altri che fossero realmente 'altri', che non fossero sotto il nostro controllo. Sarebbe carino se ognuno facesse solo quello che voglio io? No! Sarebbe bello solo per cinque minuti! Sarebbe bello se non ci fosse completamente nessun rischio nella mia vita? No. Solamente per cinque minuti. Non c'è avventura senza rischio.

Per cui oggi stiamo esplorando questo quarto stadio, lo stadio di essere l'Uno ed essere una persona. Ora posso guardare Eric e avere una conversazione con lui riguardo a chi entrambi noi siamo. Io posso dire, 'Io sono l'Uno, sono accaduto, che cosa fantastica! Non è meraviglioso essere l'Uno?'

Eric: È un mistero.

Richard: È un mistero, sì. Capisco cosa vuoi dire!

Se è accaduto qualcosa a voi e voi la condividete con qualcun altro che ha avuto una simile esperienza, sapete che quel qualcuno comprenderà meglio di qualcun altro che non ha avuto quell'esperienza. Quindi in realtà, voi come Uno volete incontrare altri che sono anch'essi l'Uno—per quanto impossibile potrebbe sembrare—perché essi sapranno com'è essere l'Uno. Essi sapranno com'è Essere. Per cui Laurie, io sono l'Uno e sono accaduto, IO SONO! Sai cosa voglio dire? Anche tu sai com'è Essere?

Laurie: Sì! Conosco i suoi confini.

Richard: Conosco i suoi confini! Che bel modo di dirlo.

Parlare agli altri dell'essere l'Uno non è un meraviglioso paradosso? L'Uno è molti per cui può parlare a se stesso dell'essere. Uno e molti! Fantastico! Dunque, complimenti per essere l'Uno! L'Unico Uno! Mi congratulo con voi per aver realizzato l'Uno!

La sensazione di separazione, di sé e degli altri, non è un errore di cui dovremmo cercare di disfarci quando vediamo chi realmente siamo. E' quello che abbiamo sempre voluto. Volevamo essere l'Uno e molti. Perché dovremmo scegliere di regredire ed essere solo l'Uno-senza-altri quando possiamo essere l'Uno e avere gli altri? Possiamo avere la nostra torta e mangiarla! Possiamo essere sia totalmente al sicuro come chi realmente siamo e sperimentare il brivido dell'avventura, del pericolo, del rischio.

David: Io sono là. Non ho mai sentito nessuno raccontare la mia storia prima.

Richard: Questa storia è la storia della tua vita. La trasformazione dell'Uno in Uno-che-è-molti è accaduta entro la durata della tua vita. Quando eri neonato eri l'Uno senza conoscere altri. Non è stato molto tempo fa. Nei pochi anni della tua vita ti sei trovato a fare questo incredibile viaggio della dimenticanza, dell'allontanamento da chi realmente sei. Ora che ti sei risvegliato ad essere l'Uno e al fatto che tutte le cose vengono fuori da te, puoi dire, 'Questo è quello che volevo. Volevo altri in modo che così avrei potuto condividere la gioia di Essere con loro. Il mio sogno è diventato realtà. Il mio sogno si sta avverando ora. Fantastico.'

Capitolo 22

Il Grande Magazzino

Per favore, sceglietevi in modo da formare gruppi da tre. Una persona si siede su una sedia—io la chiamerò A. A sperimenterà l'essere il Magazzino. Poi B sta di fronte ad A e C sta dietro ad A. C terrà con sé una piccola serie di oggetti.

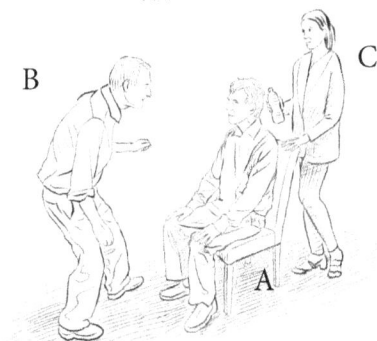

A—semplicemente guarda avanti. Questo non è un esercizio di comunicazione. Io dimostrerò che cosa dovete fare in questo esperimento. Agirò come B—stando in piedi di fronte ad A.

Non sto guardando A negli occhi—non sto comunicando con A. Sono consapevole che A sta guardando fuori da uno Spazio Aperto. Chiameremo quello Spazio 'il Grande Magazzino'. Il Magazzino è il posto dal quale proviene ogni cosa e dove tutte le cose ritornano.

Sto guardando A ma faccio finta di guardare non una persona ma là dentro lo Spazio, dentro il Magazzino, di modo che A possa avere l'impressione e che io stia guardando dentro il suo Spazio.

Ora vado e entro nello Spazio di A con la mia mano. Sto mettendo la mia mano dentro il Vuoto di A—raggiungo il Grande Magazzino. Ora tiro nuovamente fuori la mia mano. Lo rifaccio di nuovo. Ora la mia mano sta scomparendo nel Grande Magazzino ma questa volta guarderò che cosa c'è là dentro. Mentre vado dentro, questa volta, C, che sta in piedi dietro A, mi dà uno degli oggetti di cui è in possesso. Così, quando questa volta ritiro fuori la mia mano, porto l'oggetto fuori da quello Spazio, fuori dal Grande Magazzino.

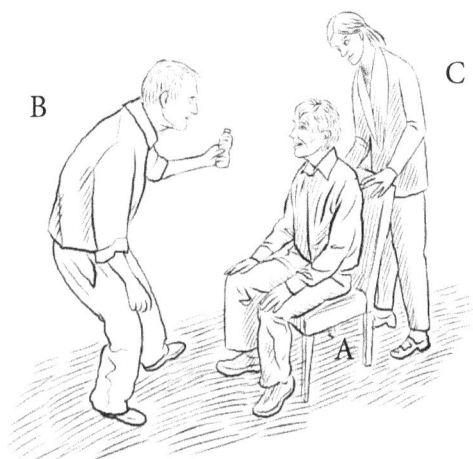

Ciò che esperimenta A è che questo oggetto viene fuori dal Nulla, fuori dal Magazzino. Sta uscendo qualcosa dal Nulla! Quindi, giocate con questo. Ogni persona potrà provare ad essere A, ed essere il Grande Magazzino. Ok, questo è l'esperimento.

Potreste dire che tutto questo seminario sta uscendo dal Grande Magazzino! Magia! Tutte le cose escono in continuazione dal Nulla. La Creazione avviene di continuo. Notare questo è vivere una vita di magie, una vita piena di meraviglie.

Capitolo 23

Il Pozzo del Tempo

Faremo nuovamente il gesto di indicare nelle due direzioni.

Con una mano indicate fuori nella stanza. Ora sono quasi le tre e dieci del pomeriggio, noi stiamo guardando là in una frazione di tempo. Abbiamo iniziato il seminario alle 10 in punto questa mattina e ora sono circa le tre e dieci. Contemporaneamente all'indicare nella stanza, in questa frazione di tempo, con l'altra mano indichiamo indietro, dentro lo Spazio—che ora è là?

Angela: Senza tempo.

Richard: Senza tempo. Proprio come c'è il faccia-a-Non-faccia, così c'è il tempo-a-Non-tempo. Cambiamento là a non cambiamento qui. Qui non vedo niente che si muova—nessun cambiamento, nessun tempo.

Dale: Possiamo fare il cerchio senza tempo?

Richard: Sicuro—Il Pozzo del Tempo. Per fare questo abbiamo bisogno di stare in piedi in un Cerchio Senza Testa.

Guardate verso il basso il vostro stesso corpo. Notate che esso sta uscendo dal Nulla. Il vostro corpo è senza testa, sta uscendo da questo Spazio Aperto sopra il vostro petto.

Ora siate consapevoli del cerchio di piedi, del cerchio di gambe—tutti i corpi svaniscono in cima dentro l'unica Non-testa. Non ci sono linee di divisione in questa Non-testa. Laggiù siamo molti, in cima siamo Uno.

Ora metterò un orologio laggiù sul pavimento nel mezzo del cerchio. Guardate l'orologio. Sono le tre e undici minuti. Le lancette dell'orologio stanno girando intorno al quadrante dell'orologio. Stanno segnando il tempo. Il tempo e il cambiamento vanno insieme. Il tempo sta passando—le lancette in movimento stanno segnando il passare del tempo.

Mentre state guardando l'orologio verso il basso, notate dentro che cosa sta scomparendo il vostro corpo –dentro questo Spazio in cima. Potete vedere qualche cambiamento là? Qualche movimento qui? Dove non c'è nessun movimento non c'è nessun cambiamento, dove non c'è nessun cambiamento non c'è nessun tempo. Stiamo guardando dall'Assenza di Tempo là dentro il tempo. Non dovete percepire niente in particolare—è un'osservazione neutra. Non dovete capirla in qualche modo particolare. Là vedete cambiamento—le lancette stanno segnando il tempo. E qui in cima—nessun cambiamento, nessun tempo.

Questo cerchio durerà solo un minuto o due. Esso è nel tempo. È una vostra casa temporanea. Per pochi minuti la vostra casa è questo cerchio, ma tra pochi minuti questa casa se ne sarà andata. Ma in cima, questo Spazio Aperto non se ne andrà mai—questa è la vostra Casa Eterna. Non lascerete mai questa Casa, Benvenuti a Casa!

Ok, possiamo sederci.

Il cerchio se n'è andato ma lo Spazio è ancora presente. Tempo là a non tempo qui.

Capitolo 24

Una Vera Tragedia

Immaginate che state guardando un film, un thriller, e la relazione tra gli attori principali stia andando bene… finché succede qualcosa di terribile ed essa va male. Ma poi, nella maggior parte dei film suppongo, alla fine tutto si risolve. Il problema è risolto. È una tragedia. Essa rende il film interessante. La tensione è creativa.

Il dramma è presente anche nelle nostre vite, nel momento in cui sembra che tutto stia andando male. All'inizio eravate l'Uno. Poi avete perso la consapevolezza di essere l'Uno. 'Oh no, va tutto male! Ora sono in un corpo, sono in trappola. Oh no! Che cosa succederà ora? Morirò! Questa è una grande tragedia. È una vera tragedia—tutto questo io non lo respingo come irreale. Noi lo prendiamo come fosse reale e dobbiamo prenderlo come reale. Se mentre vedete un film pensaste per tutto il tempo, 'questo è solo un film, non potreste essere coinvolti, non ne sareste influenzati. Dovete dimenticarvi che si tratta di un film. Dovete dimenticarvi che non è reale. Lo stesso vale per le nostre vite. Noi ci dimentichiamo di essere l'Uno e a un livello profondo accettiamo la realtà del mondo, accettiamo di essere mortali. Ma poi fortunatamente vi risvegliate all'essere l'Uno. Comunque siete stati così profondamente condizionati riguardo al sentirvi separati che vi ritrovate ad essere non solo consapevoli di essere l'Uno ma contemporaneamente continuate a pensare e sentire e agire come una persona a sé stante. Vedere che siete l'Uno non significa che non sperimenterete più il dramma di essere una persona, l'imprevedibilità della vita, la vostra mancanza di controllo sugli altri e persino su voi stessi, la sensazione di essere separati e mortali, ma ora avete contemporaneamente accesso a chi realmente siete. Questo fa tutta la differenza.

Peter: Là c'è paura.

Richard: Sì, la vita è una corsa sulle montagne russe. Sì, alle volte fa paura. Non voglio dire che è una corsa facile. Ma penso che la vita sia più difficile se non vedi chi realmente sei. Molto più difficile.

Vivere partendo da chi sei è una vita piena di scoperte, una grande avventura. Nei nostri cuori noi vogliamo l'avventura. Non vogliamo semplicemente sederci a casa a fare niente tutto il giorno. Almeno, io no! Quando vedi chi sei, quando vedi che hai rimosso la tua testa dalla sommità del tuo corpo, per così dire, è come tirare fuori il tappo da una bottiglia. Ora la vostra vita può fluire. Tiri fuori il tappo dalla bottiglia vedendo che non c'è nessun tappo! Tutto quello di cui hai bisogno è guardare. Non è là. Pop! Champagne! Festeggiamenti. È ora di festeggiare! Non è sempre facile ma è più difficile se ti tieni addosso la testa.

Andrew: Continuare a ritornarci.

Richard: Continuare a ritornarci. E quando avete l'opportunità di condividere l'essere l'Uno con gli amici, come oggi, è entusiasmante e contagioso.

Capitolo 25

Una Consapevolezza

Richard: Io sento sia la mia voce che la tua voce in questa Unica Consapevolezza, così parlo con due voci. È così anche per voi?

Barbara: Sì!

Richard: Ora sono l'Uno che condivide la consapevolezza di essere l'Uno con qualcun'altro che è a sua volta l'Uno. È un sogno divenuto realtà. Andrew, tu sai esattamente che cos'è essere l'Uno, non è vero? Tu sei l'Uno, non è vero? Tutte le cose sono dentro di te?

Andrew: Sì.

Richard: Vedi che cosa sta accadendo? Ci stiamo comportando come se fossimo esseri separati, anche se siamo consapevoli di essere uno—l'Uno.

Andrew: Sì.

Richard: Quando siamo con gli altri, normalmente accettiamo di essere separati. Tutto il giorno riconosco che sono Richard. Tu riconosci di essere Andrew. Quando mi guardi, sento che stai affermando che io sono Richard perché tu stai annuendo. E io sto annuendo rispetto a te, per cui tu hai la sensazione che io stia affermando che sei Andrew. Ma in questa stanza ora stiamo ammettendo pubblicamente che non siamo solo quello che vediamo nello specchio ma siamo anche l'Uno. Quando portiamo la consapevolezza di chi realmente siamo in primo piano, questo crea una profonda differenza sul piano sociale. È un nuovo sviluppo nella società. Tu sei consapevole che qui tu sei fatto Aperto per ricevere tutti.

Anne: Stai dicendo che siamo tutti la stessa Consapevolezza?

Richard: Sto proprio dicendo questo!

Anne: È quello che sto comprendendo. Siamo tutti la stessa Consapevolezza.

Richard: Sì. Ma non voglio che cerchiate solo di comprendere quello che sto dicendo. Voglio che lo notiate voi stessi e lo esprimiate a modo vostro. Naturalmente dobbiamo cercare le parole per iniziare perché non siamo abituati ad esprimere chiaramente questa Realtà, questa doppia Realtà—essere sia l'Uno che uno-tra-tanti.

Anne: È come se il tuo intelletto intralci la tua esperienza.

Richard: Normalmente sì. Ma ora possiamo usare l'intelletto per celebrare la nostra esperienza. Il nostro intelletto non deve costituire un intralcio. L'intelletto nasce dento l'Uno. È un'espressione dell'Uno.

Capitolo 26

Libertà

Richard: Ecco qualcos'altro da notare—questa stanza non ha quattro pareti complete. Quante pareti potete vedere?

James: Tre.

Richard: La quarta parete è mancante. Ho un amico che è in carcere e questa osservazione è preziosa per lui perché ciò significa che non è in prigione. Noi possiamo vedere che non siamo in questa stanza. Per essere in una stanza dovete essere circondati da quattro pareti, un pavimento e un soffitto, ma le pareti sono solo tre.

Dale: Io sono seduto in un angolo e quindi le vedo tutte e quattro!

Richard: Ok! Tre pareti, o quattro pareti senza un angolo! Ma vedere che c'è uno spazio da qualche parte—proprio dove tu sei—è vedere che non sei rinchiuso, non sei chiuso come in una scatola. Questo, principalmente, non ha che fare con il sentirsi liberi, riguarda il vedere che siete liberi—il vedere come siete stati fatti. Siete stati fatti liberi, non delimitati, comunque voi vi sentiate. Non siete contenuti dentro questa stanza. Il mio amico in prigione vede che non è in prigione—è la prigione ad essere in lui. Naturalmente egli è consapevole di entrambi i lati di sé, nel senso che sa che, anche se non è in prigione, egli è in prigione e non può uscire da lì. In realtà questo si applica a tutti noi nel senso che ci troviamo in situazioni dalle quali non possiamo uscire. Ma privatamente, dal lato di chi realmente siete, voi non siete in quella situazione, essa è in voi. Ora potete essere consapevoli di entrambi i vostri lati. Avere solo la visione esterna di voi stessi è essere imprigionati e non c'è altro da aggiungere. Ma avere anche la Visione Interiore significa godere della vostra Libertà Interiore. Vivere da questa Libertà fa un'enorme differenza nella vostra vita.

Roger: Non ha a che fare con quello che si si dice, 'Sei i tuoi pensieri'? Se pensi che sei in prigione allora lo sei.

Richard: Sì. Ma non fidarti solo dei tuoi pensieri, devi anche guardare.

Diana: Pensavo di non essere i pensieri?

Richard: Penso che Roger volesse dire che noi crediamo a quello che i nostri pensieri dicono che siamo. I miei pensieri dicono che io sono Richard e che sono seduto qui. Beh, è vero. Ma è anche vero che io non sono Richard. Sono Spazio per il mondo.

Eric: La diretta esperienza di questo è così potente. I nostri pensieri condizionati e le immagini di noi stessi ci dicono che siamo carenti o che ci manca qualcosa, per cui vedere la nostra Natura Essenziale è liberatorio.

Richard: Sì, questa Libertà parla per se stessa. Che Tesoro.

Eric: Più la guardi, più la vedi.

Richard: Sì, non si esaurisce mai. Diventa sempre più luminosa— non si tratta di un colore, non è chiara o scura, ma in qualche modo diventa più luminosa.

Noi ci perdiamo nei nostri pensieri ma fortunatamente abbiamo solo distolto lo sguardo dalla nostra Vera Natura. Non dobbiamo lottare per tornare indietro e superare delle montagne per raggiungere chi realmente siamo. Dobbiamo semplicemente guardare. Ora la sto guardando. È molto gentile—si è creata libera e immediatamente disponibile.

Nigel: Immagino che col tempo saremo meno distratti o risucchiati dai pensieri, per così dire.

Richard: Penso che questo diventi sempre più profondo in modi diversi. Non è una ricetta di utopia o perfezione—la perfezione c'è solo qui nel nostro Centro, non là nel mondo. Ma mio Dio, essere consapevoli di questo fa differenza! Avete trovato il Centro. Questo è potente, è terapeutico. Ma noi abbiamo bisogno di farlo non solamente di pensarlo. Oggi ci stiamo sostenendo l'un l'altro, ci stiamo aiutando a vicenda a rimanere svegli a chi realmente siamo.

Capitolo 27

Libertà Interiore

Gloria: Stavamo parlando dell'Uno e dei Molti. Io sono seduto qui e sono l'Uno consapevole di quello che sta accadendo. Ma per quanto riguarda le nostre nevrosi, le nostre abitudini, la personalità e via dicendo? Come si relaziona tutto questo con l'Uno? Come possiamo andare oltre tutto questo?

Richard: Prima di tutto, c'è una reale sensazione nella quale voi siete quello che apparite. Ognuno vi sta rispecchiando la vostra apparenza e voi ve ne prendete carico. Il messaggio di base che ricevete dalla società è che voi siete una cosa, una persona. È vitale prendersi a carico quella identità per poter funzionare in società. Ma essere 'una cosa' è anche un problema perché le cose si confrontano con altre cose. E essere una cosa significa anche che morirete. Non dovete sorprendervi, allora, quando credete di essere una cosa, se siete un po' nervosi!

Ma quando attraverso l'ipotesi di base vedete che siete una cosa e vedete che siete una Non-cosa, significa che il vostro condizionamento e la vostra nevrosi si risolveranno? Significa che non avete più problemi? Significa che non vi identificherete più con quello-nello-specchio? Secondo la mia esperienza no? Io sono ancora identificato con Richard. Ho ancora problemi. Essere una persona è essere complicati, è avere problemi, per cui quando io vedo chi realmente sono, siccome continuo ad essere una persona, continuo ad avere problemi. Eppure, Vedere cambia qualcosa. Ora vedo che in profondità, nelle fondamenta del mio essere, io sono libero, non sono una cosa condizionata. Non ho nessuna restrizione. Questo fa differenza.

A questo profondo senso di libertà non puoi accedere in nessun altro modo. Puoi ottenere una libertà relativa risolvendo questo o quel problema, ma quando risolvi un problema ne appare un altro. Quella è la vita. Invece, quando ritorni a Casa, a chi realmente sei, risolvi il problema di base ogni volta che guardi, il problema di essere una cosa limitata, mortale. Questa consapevolezza della nostra profonda libertà interiore influenza gradualmente ogni area della nostra vita.

Esperienza e Significato

Avete avuto l'esperienza di chi realmente siete ma la vostra comprensione è frammentaria. La vostra comprensione non sarà mai completa. Se sentite che c'è qualcosa rispetto al vostro Vero Sé che non capite, allora benvenuti in questo club! Nessuno ha una comprensione completa del suo Vero Sé. Se pensate che qualcun altro stia sperimentando il Vedere ma voi no, la realtà è che quel qualcun altro sta semplicemente rispondendo a questa esperienza di base, neutra, in un modo diverso dal vostro. Voi avete avuto questa esperienza—non potete non averla avuta. La risposta di qualcun altro, la sua reazione, è semplicemente diversa dalla vostra, e qualsiasi sia la reazione di chiunque, essa passerà. Niente rimane per sempre. Se vi sentite confusi riguardo a chi realmente siete, benvenuti in questo club! Nella direzione verso l'esterno la visione di tutti è oscura. Nella direzione verso l'interno è per tutti chiara. Io penso che possiamo tollerare l'oscurità e la nostra mancanza di una comprensione completa nella direzione verso l'esterno data la Chiarezza che troviamo nella direzione verso l'interno. Abbiamo l'esperienza della nostra Vera Natura al cento per cento, in qualsiasi momento scegliamo di andarci, e nel contempo la nostra comprensione viene e va. Lo 'wow' viene e va.

L'esperienza di chi realmente siamo è neutra. Il fatto che sia neutra è prezioso perché significa che non c'è gerarchia di vedenti qui. Voi non potete vederlo meglio o peggio di qualcun altro. È un'osservazione neutra di qualcosa-che-accade-nel-Nulla. Poiché non dipende dalla comprensione, voi potete vederla a piacere. Potete scegliere ora, a vostro piacimento, di notare che non vedete la vostra faccia, invece di vedere il mondo. Questo non dipende dal fatto che qualcun'altro sia d'accordo con voi. Non dipende dal fatto che voi la pensate in un certo modo. Questo significa che lo potete notare in ogni caso, in qualsiasi momento, persino quando state passando dei brutti momenti. Anche quando state vivendo dei brutti momenti non potete vedere la vostra faccia. Possiamo usare i brutti momenti come una scusa—aspetto finché il problema non se ne va e poi noterò la mia Vera Natura. Ma voi potete notare lo Spazio mentre il problema è là. In effetti, probabilmente, il momento più importante per notarla è quando state passando dei brutti momenti. Non avete nessuna scusa—sapete dove guardare. Cercate la vostra faccia. Non è una cosa poco chiara, difficile—semplicemente guardate.

Dale: Più approfondivo gli esercizi e li mettevo proprio in pratica, e più continuavo ad andare in profondità. Finché non sono arrivato al punto in cui ho realizzato che è impossibile conoscere ciò che è. Cerchiamo sempre di mettere questo in una scatola ma quando ti rilassi in quello che puoi conoscere direttamente, questo diventa tutto. Diventa eccitante, una possibilità che mostra se stessa—come potremmo annoiarci? Continua semplicemente ad andare sempre più in profondità.

Capitolo 29

Danziamo

Ho guardato un'intervista in televisione all'inglese Jane Goodall. Negli anni '60, quando era ragazza, aveva lavorato in Africa con il paleo-antropologo Louis Leaky. Lui stava cercando le ossa che avrebbero collegato scimpanzé e scimmie agli esseri umani— 'l'anello mancante'. Il lavoro di Jane Goodall era quello di studiare il comportamento degli scimpanzé per vedere se qualche loro comportamento era simile al comportamento umano. Se era in grado di osservare tali similarità nel comportamento, allora questo avrebbe supportato l'idea di Leaky che andando indietro nella preistoria esisteva un qualche antenato che gli esseri umani e le scimmie avevano in comune, dal quale aveva avuto origine tale comportamento.

Per esempio, in questa intervista descrisse l'azione di scendere lungo un sentiero con uno scimpanzé e fermarsi a riposare—come fate voi. Dato che aveva un frutto in tasca lo offrì allo scimpanzé. Lo scimpanzé prese il frutto ma poi per un attimo tenne la mano di Jane, la guardò negli occhi, le strinse la mano—e lasciò cadere il frutto. Jane interpretò questo comportamento come—'Molte grazie. Io non voglio il frutto ma non voglio ferire i tuoi sentimenti non prendendolo.' Quello è qualcosa che potrebbe fare una persona. 'Non lo voglio, ma grazie.' Poi stringete la mano della persona per indicare che non volete ferire i suoi sentimenti.

Poi osservò che ogni sera gli scimpanzé che stava studiando erano soliti andare presso una cascata. Non andavano là per mangiare o bere o dormire. Andavano solo per guardare la cascata. Mentre la guardavano facevano una piccola danza—come interpretò Jane Goodall. Si muovevano da un piede all'altro mentre guardavano la cascata. La sua interpretazione fu che essi stavano notando qualcosa di straordinario—il fatto che l'acqua arrivava e usciva, e ciò nonostante era sempre là. Ebbe la sensazione che gli scimpanzé non riuscissero a comprendere come ciò poteva accadere. Come poteva l'acqua arrivare sempre, uscire sempre, e ciò nonostante essere sempre là? Molto misterioso! Per cui di fronte a questo mistero, come risposta a questo mistero e miracolo, gli scimpanzé danzavano. Per cui io dico, guardate fuori dal Vuoto, là c'è il miracolo della vita. Questo momento presente arriva sempre, e se ne va sempre, eppure è sempre là. Per me la risposta appropriata a questo mistero non è scrivere una tesi di dottorato ma è danzare. La vita che nasce qui nel Vuoto è un mistero, un miracolo, un regalo. Questa cascata del momento presente si sta riversando chi sa da dove? Si sta riversando all'esterno—chi sa dove sta andando? Nonostante ciò è sempre là. Sempre là. Inspiegabile, un dono, un miracolo.

Anne: La danza della vita.

Richard: Sì.

Anne: Il tuo ottimismo ci dà molto, a tutti noi.

Richard: Sono ottimista perché sta accadendo l'impossibile, sta accadendo—l'Essere. Dopodiché, che cosa non può essere possibile? È accaduto l'impossibile—sta accadendo ora!

Capitolo 30

Dolore e Resistenza

Prima che iniziasse il seminario questo signore mi chiese se il vedere chi realmente siamo è di aiuto o no al dolore. Stendete la vostra mano e guardatela. Là vedete colore e forma ma qui, nel vostro Centro, non vedete nessun colore o forma—siete vuoti per accogliere la vostra mano. Ora fate il pugno di modo che la vostra mano diventi tesa. Lo spazio diventa teso? No. Ora rilassatevi. Il vostro corpo si tende e poi si rilassa ma lo Spazio ne viene influenzato? No. Benché voi ne siate consapevoli lo Spazio non viene influenzato, sentite ancora il disagio? Sì. Ma il disagio non è centrale. Essere consapevoli di questo fa la differenza rispetto a come interagite con tensione e dolore? Ora premete dolcemente con l'unghia in una delle vostre dita in modo da sentire un leggero dolore. Lo spazio fa male? No. Nonostante ne siate consapevoli, lo Spazio non viene influenzato, sentite ancora il dolore? Sì. Ma il dolore non è centrale. Essere consapevoli di questo fa differenza rispetto a come interagite con tensione e dolore? Io dico di sì, ma scopritelo voi stessi!

Diciamo che avete un problema e non sapete come risolverlo. Tenete a mente il problema, in questo Spazio saggio, sono sicuro che la Fonte verrà fuori con qualche tipo di risposta—anche se potrebbe non essere la risposta che vi aspettate o volete! È uno Spazio molto intelligente, evidentemente, perché esso è. Esso sa come Essere.

Ecco un altro esperimento. Guardate le vostre mani e notate che le state guardando da una Non-cosa, dal Vuoto. Il Vuoto riceve il colore delle vostre mani. Non interferisce con il colore, vero? È semplicemente vuoto, è semplicemente Aperto per ricevere il colore. Non dice 'No' al colore. Ora unite insieme i palmi e premeteli uno contro l'altro con uguale pressione da entrambi i lati. Essi non si muovono. Potete sentire che resistono a vicenda. Lo Spazio accetta la resistenza, non è vero? Ora fermatevi. Spingete con la mano destra e lasciate che la sinistra ceda. Lo Spazio preferisce il cedere allo spingere, o vincere al perdere? No. Dice di sì a qualsiasi cosa.

In superficie, parlando come Richard, talvolta resisto alle cose e talvolta le accetto. Talvolta resisto al dolore e talvolta lo accetto— alla fin fine, quando devo! Ma in profondità, come mio Vero Sé, io accetto sempre ciò che sta accadendo, incluso il dolore. Nel profondo dico di sì a ogni cosa.

Fa differenza vedere che in profondità state sempre dicendo di sì, che accogliete sempre il momento presente? Sì, la fa. Vedere chi realmente siamo è un profondo sì alla vita, e accettare e dare il benvenuto alla vita è diverso dall'opporvi resistenza. Ma sperimentatelo. Vedete chi siete e vedete come le cose funzionano fuori quando in profondità voi state dando il benvenuto alla vita, anche se in superficie voi potreste opporre resistenza a ciò che sta accadendo.

Ian: Io ho dei no piuttosto forti dentro di me.

Richard: Sì, anche io.

Ian: Per cui non posso essere d'accordo di dire di sì a ogni cosa. Persino a livello profondo ho la sensazione che certe cose siano giuste e certe cose siano sbagliate.

Richard: Ma lo Spazio resiste a qualcosa?

Ian: Non lo so.

Richard: Beh, controlla. Io trovo che non lo fa.

Ian: Sì, ma se tu stessi per ricevere un pugno sul naso ti toglieresti di mezzo, giusto?

Richard: Sì. Ma io sto facendo una distinzione tra me come Richard e me come chi realmente sono. Come ho detto, Richard resiste. Si spera che si tolga di mezzo nel caso ci fosse un pugno in arrivo! Ma chi realmente sono...

Margaret: ... intendi togliersi di mezzo.

Richard: Esattamente. È appropriato dire di sì ad alcune cose e no ad altre cose. Le cose resistono alle cose. Questo è quello che fanno le cose. Le cose resistono alle cose ma la Non-cosa non resiste a nulla. Ora al Centro siete una cosa o siete una Non-cosa? Solo voi potete dirlo. Se siete una Non-Cosa non state resistendo a nulla. Ma date un'occhiata. Guardate ora. Che cosa trovate là? Proprio dove io sono io trovo una Non-cosa—niente se non lo Spazio per il mondo. Questa Apertura incondizionata non è forse un'attitudine. Non è una sensazione. Non è un raggiungimento. Non potete essere di più o di meno. Non è una questione di grado, non è vero? Non potete essere un pochino più Vuoti. Ma nel percorso verso la Sorgente potete arrendervi un poco o potete arrendervi molto. Per certe cose va molto bene arrendersi ma per altre cose no. Per cui verso valle c'è sempre un ritmo tra sì e no, tra resa e resistenza. Ma qui nella Fonte, c'è sempre un ritmo tra sì e no, siete sempre fatti Aperti—faccia là a Non-faccia qui.

Questi esperimenti sono modi di spostare la nostra attenzione molto semplicemente da là a qua. Vedete quanto semplice sia. Quanto sia assolutamente disponibile. Come non potete farlo in modo sbagliato. Il solo tempo in cui potete vedere chi siete è l'adesso. Vederlo non necessita di conferma da nessun altro. È così pratico. È adorabile. Va sempre più in profondità. In questa direzione, nella visione dentro, non cambia mai ma in quella direzione, nella visione fuori, va sempre più in profondità. È questione di portarci l'attenzione. Suppongo possiate dire che più lo fate, più diventa la vostra posizione predefinita.

David: E riguardo alla paura, come nella storia quando Dio entra nell'Essere e poi decide di dimenticarlo, quando rischia di non ricordare di essere Dio? Io percepisco quella paura di non ricordare, di perdere completamente il Sé. Che cosa suggerisci quando nasce quella paura?

Richard: Esattamente ora stai vedendo chi sei? Sì. Quello è tutto ciò che puoi fare. Non puoi avere garanzie sul futuro. Puoi solo vedere chi realmente sei ora. C'è una grande libertà in tutto questo. Non puoi fissare o catturare lo Spazio. Tuttavia quella paura fa parte del gioco, non è vero? È là, nel gioco. Qui dove voi siete, siete liberi da ciò. Lo potete vedere ora. Siete assolutamente liberi da quella paura ora anche mentre la percepite. È come per il dolore—la sentite là non qui. Per cui questa non è una promessa che non vi spaventerete più o che non vi sentirete più depressi o che non vi sentirete più feriti. Ma è una promessa là dove voi siete che potrete sempre vedere chi realmente siete qui e ora, che è vedere che là non c'è paura o depressione o dolore. E paradossalmente, vederlo ora è vederlo per sempre perché il vedere stesso è fuori dal tempo. Naturalmente, non credete a quello che sto dicendo, sperimentatelo voi stessi.

Joan: Forse un altro modo di interpretare quella storia è che siamo nel processo di ricordare che siamo Dio, o la Vastità, o l'Assoluto.

Richard: È bel modo per dirlo. Il fatto che questa esperienza sia così ovvia e disponibile a tutti noi significa che non c'è nulla da argomentare al riguardo. Ognuno ha una visione valida dalla Fonte e la sua espressione da parte di ognuno di noi è valida. Vedere che siamo l'Uno al centro potenzia l'individualità e l'unicità.

Capitolo 31

Paura di Perdere il Sé

Dale: Qualche volta le persone si sentono disorientate e persino spaventate quando per la prima volta arrivano a questo. Potresti condividere la tua esperienza riguardo a ciò?

Richard: Penso che probabilmente tutti possiamo comprendere come potrebbe essere perché è un modo totalmente diverso di sperimentare voi stessi paragonato alla visione sociale di voi. Può essere spaventoso per le persone indicare indietro verso se stesse e là non vedere niente—all'improvviso percepite che siete spariti, che non esistete. Questo può sembrare strano e non confortevole, o persino spaventoso. Forse potreste essere tentati di fuggire via da ciò.

Ma se non correte via, se continuate a stare lì, se continuate a vedere chi siete voi, vedrete che anche voi siete 'nulla', ma ciò nonostante ci siete ancora. L'Essere è indistruttibile. E poi vedrete che anche se voi state vedendo che siete 'nulla', che siete l'Essere, la visione sociale di voi permane. La coscienza del vostro sé rimane. Invece di perdere il vostro sé sociale, realizzate che il vostro sé sociale è semplicemente non centrale—lo Spazio è centrale. L'Essere è centrale. Per cui non avete realmente perso il vostro sé—piuttosto lo avete posizionato, collocato là fuori nel posto che gli appartiene.

Mentre sperimentate e notate tutto questo, mentre utilizzate il Vedere guardando in giro quello che c'è, troverete che esso è sicuro. In effetti, è un sistema geniale—privatamente siete Spazio, pubblicamente siete una persona. Ora vivete da entrambi i lati della vostra identità e scoprite che questo funziona, e funziona meglio del solo essere quello-nello-specchio.

Lasciatemi aggiungere che ho trovato utile avere amici che Vedono perché se ti senti disorientato dal Vedere, e ci sono state volte in cui mi sono sentito tale, gli altri che stanno Vedendo, probabilmente comprenderanno. E si spera vi aiuteranno a comprendere che un po' di disorientamento è normale. Se a un certo punto non vi sentite un po' disorientati sarebbe piuttosto strano, non è vero? Avete trascorso anni a identificarvi con quello-nello-specchio e ora vedete che, dal vostro punto di vista, voi siete Spazio per il mondo. Questo è un salto radicale. Se tutto va bene ciò vi turberà! La consapevolezza di chi realmente sei va insieme alla consapevolezza di essere un individuo. Non cancella o dissolve la vostra individualità. Piuttosto la mette al posto giusto. Così che, nonostante ora voi stiate vedendo che siete senza confine, allo stesso tempo siete consapevoli dei vostri limiti personali. Io vedo che sono voi, ma, nonostante ciò, non vi darò il mio portafoglio! Come persona capisco molto bene dove finisco e dove inizio. Contemporaneamente vedo che io sono voi, che tutto il mondo è mio e che io sono infinitamente ricco, quindi, dopo tutto, forse vi darò anche il mio portafoglio! Non c'è un ruolo fisso qui.

Capitolo 32

Liberi dai Problemi

Ian: Sono consapevole di una lotta interiore. Da un lato sento questo sforzo dentro di me, questo credo che devo creare questa esperienza di un'unica Consapevolezza. Noto il mio cervello che pensa che devo continuare a creare questa esperienza, in quanto l'esperienza sta già accadendo.

Richard: Vedere chi realmente sei non significa che non hai questo tipo di sensazioni—la sensazione, per esempio, che dovresti far accadere il Vedere. Quella reazione accade nello Spazio. Non puoi farla accadere in modo sbagliato. Sarebbe dura se Vedere significasse che non dovremmo avere questo tipo di reazioni perché tutti i giorni ci hanno insegnato che nel corso della vita dobbiamo fare questo, quello e quell'altro. Per cui quel tipo di pensieri e sensazioni sono profondamente incorporati dentro di noi. E questo va bene.

Ian: Stanno accadendo nello Spazio.

Richard: Sì, è così.

Ian: Semplicemente là appesi.

Richard: Sì, semplicemente là appesi. Che magia. Come Uno io sto creando un problema, ora, che nasce nel Nulla! Se non aveste problemi dopo aver visto chi siete, in cinque minuti preghereste per averli perché i problemi significano sfide—il che include avere delle avventure e scoprire nuove cose. Sì, alle volte è difficile, ma è un processo di apprendimento. Comunque avrete problemi che li vogliate o no!

Ian: L'esperienza che sto avendo ora è che essi sono proprio nello Spazio.

Thomas: Douglas Harding diceva che, se avete un problema, immaginatelo nella vostra mano e tenetelo là. Il problema è là.

Richard: Stendete la mano e immaginate di sostenere il vostro problema. Pensate a un problema che avete nella vostra vita ora. Un problema reale che avete e immaginatelo nella vostra mano. Il problema è là. Ora notate che il vostro braccio ritorna nello Spazio

Aperto. Il vostro braccio esce dal Nulla, fuori dall'Occhio Singolo. Problema là, nessun problema qui!

Capitolo 33

Fiducia

Alex: Quello-nello-specchio, quello piccolo—è sempre là indipendentemente da qualsiasi reale cambiamento a parte gli stadi di sviluppo? Trovi che la consapevolezza di chi realmente siamo influenzi quello piccolo?

Richard: Sì, sempre più, sempre più profondamente. Penso che succeda per ognuno in modo diverso, benché ci siano dei temi generali. Man mano che la realtà di chi io realmente sono si approfondisce gradualmente, il mio rispetto per l'Uno cresce. Pertanto, sono incline a rivolgermi a quell'Uno sempre più, ad avere sempre più fiducia in lui. Non si tratta mai di una cosa completata, nella mia esperienza è un ritmo—talvolta io resisto. Per cui c'è un dialogo, un ritmo tra resistenza e resa, tra dubbio e fiducia. Più vado avanti, più vedo chi c'è qui, più penso, 'Sei intelligente! Sembra che tu sappia quello che stai facendo!' Tu—significa l'Uno.

Alex: Rido perché avevamo fatto l'esperimento dove spingi una mano contro l'altra e tu hai chiesto, 'Lo spazio ha una preferenza?' È così chiaro che non ce l'ha. Poi due secondi dopo posso avere una conversazione e aver completamente dimenticato di aver avuto quella comprensione!

Richard: Sì, siamo tutti un po' preoccupati per te, Alex!

Jennifer: Non so cosa intendi per 'aver fiducia in lui'. Aver fiducia in lui per fare cosa?

Richard: Beh, che si prenda cura di te.

Brian: Non è mai cambiato, per cui è naturale che io possa aver fiducia in qualcosa che non è mai cambiata!

Richard: Sì, puoi avere fiducia che sarà sempre là. Ma come puoi essere sicuro che si prenda cura di te? Non posso essere sicuro, ma ora ho la possibilità di scegliere se aver fiducia in lui o no. Certamente non avrò sempre fiducia in lui. Qualche volta dubiterò che si stia prendendo cura di me. Ma questo significa che ora sto facendo un viaggio interessante, un'avventura. Sono consapevole dell'Uno e consapevole della possibilità di aver fiducia in lui. Trovo che più ho fiducia in lui, più fiduciosamente lo realizzo. È un mistero come funziona. È enormemente saggio, e amorevole.

Capitolo 34

Ricordare

Diana: È una bellissima sensazione avere consapevolezza di questo Nulla qui presente. Sembra molto leggero. Ma come facciamo a non dimenticarci di quella Consapevolezza quando siamo fuori nel mondo? Come possiamo ricordare la consapevolezza del Nulla per tutto il tempo?

Richard: Ci sono diverse risposte a questa questione. Ecco qualche idea. Questi esperimenti sono dei promemoria eccezionali, semplici, pratici che potete usare nella vita di tutti i giorni. Vedere chi realmente siamo non è un concetto esoterico, astratto. Quando siete con un'altra persona potete notare che siete faccia là a Spazio qui—siete fatti Aperti per l'altro. Quando mi guardate vedete solo la faccia di Richard, non vedete voi stessi—faccia-a-Non-faccia. Potete vederlo. In qualsiasi momento siate con qualcuno potete notarlo. È una cosa pratica. Non è verbale, per cui non dovete dire niente o nemmeno pensare a qualcosa. Una persona in un negozio, il vostro amato, qualsiasi altro, è sempre la stessa cosa—faccia là a Non-faccia qui. O potete notare il vostro Occhio Singolo—non importa se qualcun'altro è là o meno, o dove siete. Potreste anche indicarla, forse quando siete soli da qualche parte, Indicate ora la vostra Non-faccia. Eccovi là. Non potete vedere la vostra faccia. O quando state guidando, guardate come siete immobili mentre lo scenario si muove. Quando a letto chiudete gli occhi, guardate come se non aveste confini. Dunque questi sono consigli pratici e promemoria che potete usare da qualsiasi parte, in qualsiasi momento. Questa è un'idea. Sebbene la cosa più importante sia probabilmente quella di essere consapevoli di chi realmente siete. Poi troverete il vostro modo per quello, in una maniera o nell'altra.

Crescere nella società è diventare consapevoli di se stessi come persona agli occhi degli altri. Assumete la vostra identità. Io mi vedo attraverso i vostri occhi come Richard. Non posso vedere Richard ma assumo quell'identità da voi così come prendo l'immagine dallo specchio. Per cui agisco come se Richard fosse qui. Un neonato non ha imparato ancora a farlo. Ma poiché ognuno è auto-cosciente nella società dove il neonato sta crescendo, il bambino impara ad essere autocosciente. È una cosa contagiosa. Non potete evitarla. Non potete ignorare, negare o rifiutare la vostra personale identità, altrimenti non potreste funzionare in società. In altre parole, essere una persona è socialmente contagioso e questa cosa continua a persistere fino al giorno in cui morirete. In un modo o in un altro siete continuamente spinti dagli altri a ricordare la vostra identità, e voi ricordate agli altri la loro.

Ciò nonostante sono anche consapevole di essere l'Uno. Qui in questo seminario siamo in una mini-società dove la consapevolezza del nostro Vero Sé è in primo piano. Anche questa è contagiosa, specialmente quando la comunichiamo. Allora, oltre ad affermare e confermarci a vicenda l'identità sociale, stiamo anche affermando e confermando la nostra Vera Identità. È qualcosa di potente dichiarare pubblicamente chi realmente siamo, comunicare il nostro Unico Sé. 'Io sono l'Uno! Tu sei l'Uno? Sì? Fantastico!' Quando portiamo la consapevolezza del nostro Vero Sé a livello di coscienza, nella situazione sociale, come stiamo facendo oggi, questo è contagioso come la consapevolezza della nostra identità pubblica. Comunicare agli altri chi realmente siamo fa crescere la consapevolezza del nostro Vero Sé a nome di tutti. Ecco perché io incoraggio le persone ad usare le loro voci. In questo modo ci stiamo aiutando a vicenda ad essere consapevoli di essere l'Uno. Benché questa Realtà non richieda nessuna conferma dall'esterno, noi stiamo confermandola.

Più ci sono persone che dicono di sì a questa Realtà, più l'atmosfera sociale cambia nel senso di facilitare e supportare questa Consapevolezza. Questo è il 'lavoro' che deve essere fatto—vivendo da e condividendo chi realmente siamo, benché sia più un giocare che lavorare. Qui in questo seminario, oggi stiamo mantenendo questa consapevolezza in primo piano—stiamo aiutandoci l'un l'altro a rimanere svegli al nostro Vero Sé. In realtà, ora che avete incontrato qui queste altre persone che stanno vedendo chi sono, non dovete incontrarli di nuovo e sarete sempre in contatto con loro perché esiste solo l'Uno. Quando state vedendo chi siete, lo state vedendo per tutti. Quindi a livello profondo ci stiamo sostenendo l'un l'altro quando Vediamo, anche quando non siamo in compagnia di qualcuno.

Ma oltre a questo fatto confortante, in questi giorni ci sono molte opportunità di essere con gli altri che vedono chi sono, sia in reale compagnia o online o in qualche altro modo. C'è una comunità crescente nel mondo che sta dicendo di sì a questa Realtà. C'è un potente gruppo di supporto, per così dire. Ecco perché io sono qui in questo seminario—per supportare ed essere supportato, per ricordare e perché mi venga ricordato chi realmente sono, per godere dell'ascolto delle nostre molteplici voci in quest'unico Silenzio. Per cui avere amici con i quali condividere questo Vedere vi può realmente aiutare a rimanere svegli a questo Vedere.

Diana: Che cosa succede alla fin fine? Diciamo se io pratico il vedere chi realmente sono in modo costante ci sarà qualche tipo di trasformazione?

Richard: Una volta che hai visto che sei, non accade forse un improvviso e totale cambiamento? Da allora non stai sempre Vedendo così che non ritorni mai indietro al vecchio modo di essere? Bene, l'Essere è sempre qui. Quando vedi chi realmente sei vedi che il tuo Vero Sé è sempre qui. Per cui quello che cambia non sta nella nostra visione fuori. L'apprezzare o il pensare allo Spazio sono reazioni—potresti improvvisamente avere il pensiero, la realizzazione, che tu sei l'Uno. Poi speri di percepirlo sempre, di realizzarlo sempre, ma non sarà così. È un pensiero, o una sensazione, per cui se ne va.

Diana: Questo è ciò di cui parlavo. Io voglio sentirlo per il resto della mia vita.

Richard: Lo so. Ma non sarà così. Qualsiasi sensazione che hai riguardante l'Uno passerà. Sai, in realtà è una benedizione che anche la realizzazione più profonda riguardante l'essere l'Uno se ne vada perché se tu fossi legata ad esso, diventerebbe un peso. Comunque, quando una profonda, preziosa realizzazione se ne va, allora fa spazio a una nuova. A tempo debito, qualcosa persino di più profondo e di più significativo nascerà dall'Uno. Se tu fossi in grado di trattenere una realizzazione essa bloccherebbe solamente il nascere di qualcosa persino di migliore, di qualcosa che sta aspettandoti là nel Mistero!

Capitolo 35

La Gioia senza Ombra

Richard: Quando fai luce su qualcosa, si crea un'ombra. Là io posso vedere l'ombra delle scarpe di John. Fate luce su di me e la mia ombra sarà proiettata sul muro dietro di me. Tutte le cose hanno un'ombra. Possiamo anche dire che ogni gioia ha un'ombra. Ogni cosa bella finisce. Finisce anche se non finisce male, per cui in quel senso ha un'ombra. Qualcosa potrebbe essere talmente bella che vorreste durasse per sempre ma non sarà così. Ecco l'ombra. Ecco l'insoddisfazione nella vita, la sofferenza. Penso che sia quello di cui parlava il Buddha quando diceva che la vita è sofferenza, la vita è insoddisfazione. Tutte le cose hanno una fine, tutte le cose crollano, ogni singola cosa alla fine cade a pezzi, ogni persona cara muore. Voi come persone morirete. Questa è la realtà. Penso che vedere chi realmente siete vi metta velocemente al corrente di questa realtà. Ogni cosa ha un'ombra. È comprensibile se a un certo punto vi sentite depressi perché ogni cosa passa. Penso che se non avete mai sperimentato una forma di patologia depressiva e tristezza, allora forse non avete realmente preso atto che tutte le cose passano, che tutti muoiono. Questa è la realtà. Se amate la vita, se amate qualcuno, come potete non sentirvi tristi a un certo punto, sapendo che quella persona morirà? Tutto quello che avete di caro si trasformerà in polvere.

Ma non dobbiamo fermarci a questa realizzazione. Andate più in profondità e guardate sotto quella depressione e tristezza, sotto ogni cosa che viene e va e troverete che chi realmente siete non viene e non va. In effetti, in un certo senso fisicamente e psicologicamente, il vostro Vero Sé non crea nessuna ombra. Ciò che voglio dire è che se fate luce su qualsiasi singola cosa in questa stanza, essa darà origine a un'ombra sullo sfondo dietro ad essa. Ma ora guardate l'Intera Visione. Voi irradiate la luce della consapevolezza su di essa ma l'Intera Visione non ha sfondo, per cui non c'è nessun posto dove possa scendere l'ombra. Questa è la sola 'cosa' che non ha nessuna ombra perché non ha nessuno sfondo—il Tutto non ha nessuno sfondo. E sebbene ogni singola cosa vada e venga, al di sotto di tutte queste cose temporanee c'è l'Essere che non viene o va. Ora avete trovato la gioia che non fa nessuna ombra. Ora potete scegliere di dare il benvenuto a questa verità, a questa Gioia, nella vostra vita. Le persone che dicono, 'Sono realistico, la vita fa schifo', non sono andate abbastanza in profondità. Naturalmente, ogni cosa individuale viene e va, per cui in quel senso la vita fa schifo. Ma se andate più in profondità troverete il posto che non fa schifo, che non viene e va. Ora vivi consapevolmente come l'Uno Immutabile, come la Luce Mai Nata ed Eterna. Troverete che questa Luce poi dilaga ritornando indietro attraverso tutte queste gioie che gettano ombre e infondono loro una sensazione diversa. Non cercate più la gioia che non fa nessuna ombra là fuori nelle cose che vengono e vanno perché avete scoperto dove si trova, nel vostro Centro. Avete scoperto che è quella che non ha fine. Per questo ora potete apprezzare le cose che vengono e vanno e sapere che finiranno senza che la loro fine appaia catastrofica.

Roger: È bello quando permetti a tutte le ombre, a tutte quelle cose che rifiuti, di manifestarsi, e vedere che al di sotto c'è il divino.

Richard: Puoi avere compassione per te stesso e per gli altri. Commetto errori, ma che cosa mi aspettavo? La vita commette errori, ma che cosa mi aspettavo? Ma l'Essere non commette errori. L'Essere è la suprema storia di successo.

Capitolo 36

Sentimenti per gli Altri

Kevin: Quando dici 'No' a qualcuno, non importa quale sia la sua reazione. Questo non va ad intaccare chi realmente sei.

Richard: Sì, la loro reazione non va ad influenzare lo Spazio. Questo è importante e vero. Ma trovo che il Vedere non significa sentirsi distaccati dagli altri. Io mi sento profondamente coinvolto con gli altri. Naturalmente è diverso per ognuno di noi. Ma quando tu vedi chi sei, vedi che non c'è nessuna barriera tra te e gli altri. Essi sono proprio qui in te. La tua faccia ora è mia. Se appari triste, in un certo modo la tua tristezza è mia.

Quando siamo inconsapevoli di essere senza volto e Aperti, è una cosa comune sentirsi imbarazzati quando qualcuno ci guarda. Ci sentiamo a disagio. Tendiamo a vicenda ad evitare di guardare gli altri. Non vogliamo dare loro fastidio, non vogliamo che ci scoprano che li stiamo guardando—almeno per non più di un secondo! Per cui la smettiamo e raramente guardiamo qualcun altro di continuo, con attenzione. Dicono che ci sono due situazioni in cui qualcuno potrebbe guardare costantemente qualcun altro—sia quando si è innamorati sia quando si ha intenzione di uccidere qualcuno! Altrimenti, è un tabù. In questo caso, come possiamo conoscere realmente qualcuno? Una volta stavo lavorando in un centro di councelling e avevo menzionato a un'altra councellor che uno degli esperimenti dei nostri seminari includeva il guardare qualcuno e notare che noi siamo Spazio per quel qualcuno. La coucellor mi guardò inorridita. "Non ho neanche mai guardato mio marito, figuriamoci un estraneo." rispose.

Ma quando vedi che sei senza faccia, ti risvegli all'innocenza e all'apertura del bambino che c'è in te, ed inizi a guardare le persone senza così tanto disagio e paura. In ogni caso, questa è la mia esperienza. Forse voi siete meno preoccupati di ciò che la gente pensa di voi quando vi mettete da parte, quando vi occupate di loro piuttosto che di voi. Vi scoprite a guardare, ad accogliere quella persona in modo non intrusivo. Mi sembra che Sherlock Holmes abbia detto, 'Se volete scoprire qualcosa, non c'è altro di meglio del guardare!" Bene, se volete conoscere gli altri, non c'è niente di meglio del guardare!

Per cui non penso che vedere chi realmente siete non vi permetta di avere un coinvolgimento e sentimenti per gli altri. In effetti forse una ragione per cui le persone resistono al Vedere, se lo fanno, è perché il loro intuito dice loro che significherebbe lasciare entrare gli altri in maggiore profondità, e di conseguenza una più profonda esperienza della sofferenza nel mondo. Invece di essere un modo di distanziare voi stessi dagli altri, il Vedere è piuttosto un coinvolgimento sempre più profondo con gli altri. Anche se come l'Uno niente vi può ferire, contemporaneamente, il vivere come l'Uno diventa più vulnerabile.

Kevin: Questo è potente.

Laura: È amare attraverso l'identità o attraverso l'Uno. Amare i vostri figli attraverso un'identità o amare i vostri figli attraverso l'Uno—è una cosa diversa.

Richard: Questo è molto bello.

Angela: Trovi che fluisci naturalmente tra queste due identificazioni?

Richard: Sì. Non solo non mi libero del mio sé umano, ma anche non lo voglio. Esso è prezioso. Se vuoi liberarti del tuo sé umano, cosa dire del tuo atteggiamento rispetto agli altri? Perché preoccuparti di loro?

Angela: Sì, perché preoccuparsi di loro?

Richard: Perché preoccuparsi di loro? Tu sei profondamente, profondamente connessa e identificata con il tuo sé umano. Esso è molto speciale e tu ne hai bisogno. L'Uno ne ha bisogno. Dato che abbiamo imparato a identificarci con il nostro sé umano e a prenderci la responsabilità per quella persona e abbiamo una comprensione limitata di ciò che significa essere quella persona, possiamo apprezzare ciò che altre persone stanno attraversando nella loro vita. Se non passi attraverso quel processo di identificazione non puoi entrare in empatia. Quando ti risvegli all'Uno, la tua empatia si approfondisce perché ora non solo riconosci che gli altri hanno delle percezioni come le hai tu, anche se non potrai mai sperimentare le loro sensazioni direttamente, e che loro pensano come fai tu, anche se non potrai mai sperimentare i loro pensieri, e così via—ma ora riconosci anche che loro stanno guardando fuori dall'Uno, proprio come te. Questa è un'empatia ancora più profonda, non è vero? Sai esattamente com'è essere chi realmente sono loro perché è anche ciò che sei tu.

Capitolo 37

Possedere il Mondo

William: C'è stato un periodo nella mia vita in cui ero cosciente di tutte le cose che non avevo. Avevo solo una piccola parte di ciò che si poteva avere. Ora ho tutto. Quando vado a trovare Dale, la sua casa è anche la mia casa!

Dale: Potresti pagare il mutuo!

William: Ho un unico tipo di possesso! Io posseggo la tua casa da qui e non pago il mutuo! Non importa dove io vada, se sono in un aereo è il mio aereo. Tutte le persone che vi salgono mi tengono compagnia. È come un film. Io assumo tutti nel mio cast a recitare questi ruoli nel mio film in modo tale che questa storia possa procedere.

Richard: Una volta mentre stavo viaggiando con Douglas Harding siamo usciti dall'autostrada e siamo andati in un bar per prendere una tazza di té. Douglas iniziò a parlare del caffè che emergeva magicamente dal Niente. Eccolo là con tutto il personale pronto a servirci e ogni cosa in funzione. Paghi due sterline per un caffè e guarda che cosa ottieni per quei soldi! Un bar completamente funzionante. Tu sei spazio per esso, per cui è tuo. Ma non devi preoccuparti di mantenerlo. Non appena hai finito il tuo caffè rimetti il bar dentro il Vuoto. Lo pieghi e lo metti via. Quando ne hai bisogno, lo tiri fuori dal Vuoto. Quando non ne hai più bisogno, lo rimetti al suo posto!

Peter: Possiamo creare qualsiasi cosa.

Richard: Il Vuoto può farlo. L'Uno può farlo. È così giocoso, così creativo, così grato, così ricco, così giocherellone.

Tu sei sempre a Casa. Io non sono andato da nessuna parte—Dale e tutti voi siete venuti da me. Siete i miei ospiti qui nella mia Casa. Poi in breve sparirete di nuovo nel Vuoto e Londra arriverà in me, e Londra sarà la mia ospite qui nella mia Casa. Questo è vero per noi. Questo genera una sensazione diversa riguardo alla vita, non è vero? Siete a casa da qualsiasi parte vi troviate. Questa è la verità, per cui abituiamoci!

Peter: La vita è farti visita.

Richard: Sì. È straordinario, un miracolo, un dono. Incredibile. Da dove vieni?

Peter: Fluisco attraverso te.

Capitolo 38

Tornare a Casa

Margaret: Di solito non siamo consapevoli dello Spazio, di guardare in questa direzione verso l'interno. Di solito guardiamo nella direzione verso l'esterno. Per cui ora stiamo espandendo la nostra prospettiva fino ad includere entrambe le direzioni?

Richard: Sì. Il neonato guarda solo fuori, non sta ancora guardando verso se stesso. Crescere è imparare a guardare indietro verso voi stessi dal punto di vista degli altri. Ma noi ci fermiamo a metà strada a livello della nostra apparenza umana. Io sto immaginando come appaio ai vostri occhi—in un certo qual modo sto guardando verso me stesso. Sto immaginando come appaio dal vostro punto di vista. Immagino Richard qui. Quando vedo chi realmente sono faccio tutto il percorso per tornare a casa e guardo tutto il percorso verso il mio Centro dove non c'è Niente. Prima ero nella direzione giusta ma mi fermavo alla mia faccia. Ora faccio tutto il percorso per arrivare a casa fino alla mia Non-faccia. Naturalmente alla fine non c'è un qui e un là. Questi termini sono provvisori. In qualche modo entrambi stanno insieme. Ma poiché abbiamo appreso questa idea di qui e là, ora possiamo dire che facciamo tutto il percorso per arrivare qui, tutta la strada verso Casa.

Indicate nuovamente all'interno. Ora indicate contemporaneamente fuori—indicate nelle due direzioni. È un gesto. Siamo in preda all'allucinazione che qui nel nostro Centro c'è qualcosa, per cui ora dissipiamo quella allucinazione guardando. Siamo in preda all'illusione che qui stiamo guardando fuori da una cosa. Guardiamo per vedere se è vero.

Margaret: L'ho appena fatto! Penso che quello che stavi dicendo è vero—ci fermiamo al nostro riflesso, alla nostra faccia. Ci fermiamo là. Non penso di averlo mai riconosciuto. Non devi fermarti qui, devi andare avanti.

Richard: Sì, devi fare tutta la strada per arrivare a Casa.

Capitolo 39

Due Linguaggi

Richard: Quando vedete chi realmente siete, in un certo qual modo imparate a parlare una nuova lingua. Prima di vedere chi realmente siete, la parola 'io' significa voi come persona. Ma quando vi risvegliate a chi realmente siete realizzate che 'io' può anche significare voi come Uno. Ora dovete cambiare vocabolario? Dovete disfarvi del primo significato della parola che fa riferimento a voi come persona, ora che siete consapevoli del vostro Vero Sé? No. Ora parlate due lingue. Quale lingua parlate dipende di chi state parlando. Quando state parlando con qualcuno che non sa nulla del suo Vero Sé non usate la parola 'io' a significare l'Uno, la usate con riferimento a voi come persona. Per cui in quella situazione io uso la parola 'io' con riferimento a Richard. Ma quando sto parlando con qualcuno che vede chi realmente è, allora posso passare da uno all'altro dei due significati. I bambini che crescono con dei genitori uno francese e l'altro inglese potrebbero iniziare la frase in francese e finirla in inglese. Vi spostate facilmente avanti e indietro tra le due lingue. Lo stesso accade con questa cosa. Potete essere flessibili. È molto più ricco e intelligente del pensare di rimanere attaccati a una sola lingua. Io dico che sto entrando in macchina a guardare lo scenario che si muove attraverso la mia Immobilità. Ecco qua—inizio la frase come Richard che si muove e la finisco come l'Uno che non si muove mai. Perché no? Se la persona con cui parlate vede chi realmente è, lo capisce.

Kevin: L'idea di essere l'Uno non fa parte del nostro linguaggio. Il nostro linguaggio non coincide. Esso coincide ora.

Richard: Sì. Stiamo imparando un nuovo linguaggio.

Kevin: Sento delle persone che fanno riferimento a se stesse come 'questo organismo' invece di dire, 'Johnny…'

Richard: Quando realizzi che l'esperienza non è verbale la tua enfasi non sta nell'esprimerla esattamente nel linguaggio. Se provi e ci riesci proprio esattamente diventerai come un avvocato. 'E qui sale la rabbia.'

Quel modo di parlare mi sembra goffo. Volete dire che siete arrabbiati?

Capitolo 40

Apertura Incondizionata

Richard: Se smetto di giocare al Gioco della Faccia ma voi volete giocare ancora, ora realmente non me ne preoccupo. Se voi state giocando al Gioco della Faccia ciò non significa che devo giocarci anch'io. E il mio non giocare non è qualcosa che faccio separatamente da voi- io sto vedendo chi sono come voi e per voi. Non sto Vedendo separatamente da voi.

Vedere chi siete voi non è invasivo, non si tratta di imporre niente. È lasciare che le persone siano come sono e riceverle così come sono. Lo Spazio è Aperto in modo incondizionato. Esso non dice, 'Sarò Aperto per te finché ti comporti bene, finché non fai il Gioco della Faccia.' No. Mi fa piacere che vi comportiate bene, mi fa piacere che siate consapevoli di chi realmente siete, ma se non fate quello che io voglio, io sono ancora voi. In effetti, non giocare al Gioco della Faccia è una cosa privata. Non dipende dagli altri che non giocano. In un certo senso non ha niente a che vedere con gli altri. Voi semplicemente guardate di persona e questo è tutto.

La maggior parte delle persone non conosce nessun altro modo di essere a parte quello di giocare il Gioco della Faccia. Ma quando le persone vedono chi sono, le altre persone lo percepiscono. È una cosa bella. La gente pensa, 'Vorrei qualcosa del genere.' Quando siete consapevoli della vostra Apertura state comunicando quell'Apertura—a modo vostro trasmetterete quell'Apertura.

Essere chi realmente siete è sano, è salutare. Quando state Vedendo, naturalmente avete compassione per gli altri che giocano al Gioco della Faccia perché essi sono inconsapevoli di questo Tesoro dentro loro stessi. Non siete là a giudicarli—'Voi' state giocando al Gioco della Faccia e io no.' Non c'è più un 'noi e loro'. Voi abbracciate tutti come voi stessi.

Capitolo 41
Indipendentemente dalle Sensazioni

Alzate le mani ed esplorate il bordo del vostro Occhio Singolo. Tutto in giro le mani spariscono in questa vasta Apertura, in questo vasto Silenzio, in questa vasta Immobilità. È qualcosa di non-verbale e di non-emozionale. Questa esperienza non dipende dal fatto che voi vi sentiate bene o male. State semplicemente notando che non siete in grado d vedere la vostra testa. È semplicemente un dato di fatto, un'osservazione. Questa neutralità è un grande vantaggio. Vedere il vostro Vero Sé non dipende dal vostro stato d'animo. È semplicemente là, qualsiasi cosa stiate percependo—voi non vedete la vostra testa.

Questa esperienza può o non può significare qualcosa per voi. Qualcuno nel cerchio potrebbe avere una forte reazione positiva nel vedere che è senza la testa. 'Wow, è sorprendente!' Contemporaneamente qualcun'altro starà pensando, 'James sembra esserci arrivato ma io non mi sento come si sente lui, per cui non posso esserci arrivata.' No! Tu ci sei arrivata ma stai avendo una reazione diversa, tutto qui. Noi distinguiamo tra esperienza non verbale, neutra—non potete vedere la vostra testa, non potete vedere niente qui—e la vostra reazione, qualunque essa sia. La reazione rispetto a questo sarà differente per ognuno di noi. Per cui confermo la validità della tua reazione, qualunque essa sia. Anche se è 'E con ciò'? Questa è una valida reazione, non è vero? Naturalmente. Comunque voi ancora non siete in grado di vedere la vostra testa. Anche se questo non significa niente per voi, non potete evitare l'esperienza! Vero?

Mark: Sì.

Richard: State avendo un'esperienza da 'wow'?

Mark: Non proprio, ma certamente mi sento un po' stordito!

Capitolo 42

Condividere con i Bambini

James: Che ne pensi del condividere la consapevolezza di chi realmente siamo con i bambini piccoli?

Richard: Tutti noi proveniamo da questo Spazio ma i bambini piccoli e i neonati provengono da qui senza la complicazione di sentirsi a disagio. A questo proposito loro sono i nostri maestri. Non siamo noi ad insegnare loro quello che riguarda l'essere Capacità, noi insegniamo loro come unirsi al club degli umani! Quello è il nostro compito. Non insegniamo loro ad essere chi realmente sono—in caso, sono loro ad insegnarcelo! Per cui, con un bambino, non tireremo in ballo l'argomento di essere l'Uno. Il compito di un bambino è quello di unirsi al club degli umani, di imparare a giocare al Gioco della Faccia. Naturalmente se essi fanno domande riguardo a questo tipo di cose o dicono, 'Mamma, perché non ho una testa?' come alle volte succede, dato che voi sapete che cosa vogliono dire, potete rispondere alla loro domanda in modo simpatico, appoggiandoli. In modo comprensivo. Non invalidate la loro esperienza. Se non sapete niente al riguardo, allora potreste escludere la loro esperienza—'Non essere sciocco.' Ma, dal momento che ciò lo potete vedere, potete dire, 'So cosa vuoi dire, neanche io posso vedere la mia testa.'

James: E per quanto riguarda i ragazzi?

Richard: Ero un ragazzo quando ne sono venuto a conoscenza, per cui alcuni ragazzi sono interessati a chi realmente sono. Dunque non c'è nessuna regola. Ma di base l'intento dei ragazzi è quello di trovare chi sono nel mondo. L'ultima cosa che vuoi essere quando sei ragazzo è essere nessuno—vuoi essere qualcuno. Questo è totalmente appropriato. Ho un'amica la cui madre era un membro di un gruppo spirituale, un gruppo Advaita 'non duale'. A sua madre non piaceva usare la parola 'io' perché la filosofia del gruppo era che non c'era un 'io'. Per cui, per esempio, invece di dire che eri arrabbiato dovevi dire, 'Sta nascendo la rabbia.' Comunque sua madre, pensando di fare la cosa migliore, non usava la parola 'io' con sua figlia. Potete immaginare che confusione? La mia amica diceva che quando le capitò di accorgersi di essere senza testa questo la aiutò molto perché le premise di accettare la realtà di se stessa come persona e la realtà di se stessa come Uno. Era tutto ok pensare a se stessa come persona e usare la parola 'io'. Se diciamo ai nostri figli che non c'è un 'io', un sé, che in realtà 'non esistiamo'. È ovvio, non è vero?

Naturalmente, se un ragazzo chiede di questo, come chiedevo io quando ero ragazzo, e voi sapete chi realmente siete, allora siete in un'ottima posizione per rispondere positivamente. Se uno qualsiasi mi chiede qualcosa a questo proposito, qualsiasi sia la sua età, io risponderò. Ma non appena ho la sensazione che non vuole più ascoltare, io mi tiro indietro. Un bambino, un adulto, un ragazzo, non ha importanza. È improduttivo e non rispettoso fare pressione sugli altri. Ma quando qualcuno viene a farti domande a questo proposito, puoi tirare via il piede dal freno e condividere la tua esperienza con lui.

Capitolo 43

Una Disgrazia diventa una Benedizione

Io esperimento l'Uno direttamente, mentre sento parlare dei Molti. Mi è chiaro che non posso provare che ci sono gli altri. Non so per certo se voi state pensando o sentendo e così via. Non so per certo se esisterete ancora quando non posso vedervi. Ero solito pensare che la verità, pertanto, è che voi non esistete quando non posso vedervi e che non esiste nessun'altra consapevolezza oltre la mia—non c'è nessun'altra visione fuori dall'Uno a parte la mia Visione. Io Sono Solo. C'è solamente il qui e il là è solo l'adesso. Quindi io 'Poiché quella deve essere la verità allora sono realmente riuscito a viverla. Non c'è nessuno là fuori quindi ho smesso di fantasticare che ci sia. Smettila, Richard!' Ma parte del mio desiderio di vivere libero dall'illusione di altri non era un semplice desiderio per vivere la verità. Speravo anche che se mi sarei liberato dell'idea degli altri, che quello avrebbe risolto tutti i miei problemi—perché gli altri erano il problema. Pensavo, 'Questa sembra la migliore strada da seguire— guardare gli altri senza alcuna sensazione che ci sia qualcuno là, o in effetti qui. Allora tutte le mie paranoie se ne andranno e tutti i miei problemi con loro.' Ho provato a fare questo ma non ci sono riuscito. Mi è stato impossibile. Non riuscivo disfarmi dell'idea degli altri o dell'idea di me stesso. La sensazione della realtà degli altri persisteva.

Realizzai che, benché potessi vedere che là non c'erano altri e accettassi che questo era vero, agivo come se gli altri ci fossero, e non potevo smettere di farlo, agivo come se voi foste là e io fossi qui. Agivo come se ci fosse un 'noi'. Non potevo dimostrare che c'era un 'noi' ma non potevo smettere di agire come ciò fosse vero e reale. Poi pensai, 'Il problema qui non è l'idea del 'noi', il problema è la mia resistenza a questo. Che cosa succede se riconosco la sconfitta e ammetto di non poter smettere di agire in questo modo? Sono stato così profondamente condizionato da questo modo di essere che non posso impedirlo. Non posso smetterla di agire come se io

fossi reale, le altre persone fossero reali, gli altri posti fossero reali, gli altri tempi fossero reali. Invece di resistere, lo accetto.'
Contemporaneamente iniziai ad esaminare più da vicino la mia esperienza della consapevolezza di me. Guardando indietro nella mia vita era chiaro che ero sempre stato lo Spazio ma non ero sempre stato Richard—da bambino piccolo, dal mio punto di vista io non esistevo ancora e neanche gli altri. Più avanti, nell'infanzia e nella giovinezza, Richard e gli altri emersero nella Consapevolezza. Essi divennero sempre più reali. O potrei dire—poiché io sono la Sorgente—essi emersero fuori dal mio stesso Essere. Io come Uno diedi vita a me stesso e agli altri. Mi divisi nei molti.

Kierkegaard osservò che la vita è vissuta in avanti e compresa all'indietro. Io realizzai che questo era vero. Guardando indietro nella mia vita potevo vedere il significato delle esperienze che a quel tempo avevano avuto poco o nessun significato per me. La distanza produce la prospettiva, aiuta a dare significato alle cose. Ma ora avevo realizzato che potevo guardare indietro non solo al mio personale sviluppo, ai cambiamenti attraverso i quali ero passato come Richard, e cercare di dare un senso a quelli—potevo anche guardare indietro al modo in cui io come Uno mi ero sviluppato, in particolare al fatto che avevo avuto inizio come Uno e poi mi ero diviso in molti. Proprio mentre potevo guardare indietro alla mia vita personale e chiedermi perché avevo fatto qualche cosa, cercando di capire le mie motivazioni inconsce, le mie intenzioni nascoste, che solo ora si rivelavano nelle mie azioni—ora che potevo finalmente vedere dove mi avevano portato le cose—iniziai anche a guardare nuovamente indietro come Uno e a chiedermi, 'Perché come Uno mi sono diviso in molti? Quali sono state le mie intenzioni inconsce, le mie motivazioni nascoste? Che cosa speravo di raggiungere dimenticandomi che ero l'Uno e diventando invece uno-fra-tanti? Perché lo avevo fatto quando la presenza di 'sé' e degli 'altri' aveva dato prova di essere così problematica? Perché non ero rimasto semplicemente nel mio stato originale di Unicità, di essere il Solo, evitando tutto quello stress?'

Mi arrivò una risposta, incorniciata dentro una specie di storia, un mito riguardante l'Uno che diventa molti. Ne ho parlato prima durante il seminario. Come Uno sono apparso dal nulla. Sono accaduto. Meraviglia delle meraviglie! Avendo miracolosamente raggiunto l'Essere volevo condividere la meraviglia e la gioia che provavo nell'aver creato me stesso, ma non c'era nessuno con cui condividere le mie sensazioni—io ero apparso dal nulla. Per cui, essendo riuscito nell'impossibile intento di creare me stesso dal nulla, allora feci una seconda cosa stupefacente—creai gli altri di modo che avrei avuto qualcuno con cui parlare! Questo comportò un periodo di dimenticanza del fatto che io ero l'Uno e il fatto di diventare una persona—lo stadio dell'età adulta. Tutto ciò quando mi convinsi profondamente della realtà di me stesso come persona e della realtà degli altri non avendo nessuna idea di essere l'Uno.

Ora, nel quarto stadio del vedente, sono ancora identificato profondamente con Richard e sono ancora molto consapevole degli 'altri'. Ma ora vedo anche chi realmente sono. Ci sono anche gli 'altri' nella mia vita che vedono chi realmente sono. Il che significa che il mio sogno originale è diventato realtà. Ho ottenuto ciò che avevo stabilito di ottenere—sono insieme ad altri con i quali posso condividere la mia gioia—riguardo all'Essere. Come è venuta in mente all'Uno questa soluzione ai suoi problemi di solitudine? È un vero genio. Ma immagino che non sapesse che cosa stesse facendo a quel tempo e solo ora, attraverso di noi, sta iniziando a vedere e apprezzare ciò che ha fatto!

Una cosa a cui si dà il benvenuto è diversa da una cosa alla quale si resite. In un certo senso non è cambiato niente. Io sono identificato con Richard come sempre e convinto della realtà degli altri come prima. Con questo senso di separazione arriva la sofferenza. Che cosa darei se solo potessi tornare indietro alla pace eterna e alla quiete dell'essere il Solo senza altri! Beh, non darei assolutamente nulla! Non voglio tornare indietro. Quello è esattamente quello da cui volevo stare lontano! Ora realizzo che il punto del 'crescere', dell'attraversare quella esperienza dolorosa del diventare una persona, era preparare il terreno per lo stadio successivo del vedente. Ho avuto inizio come Uno senza gli altri. Poi ho dimenticato di essere il Solo e sono diventato uno-tra-molti. Fortunatamente ho continuato ad andare avanti, riscoprendo l'Uno, trasformato nell'Uno-che-è-anche-molti. Il mio sogno era di avere compagnia. Il mio sogno era di essere in grado di condividere la meraviglia e la gioia che percepisco riguardo all'Essere. Il mio sogno è diventato realtà—da tutto il giorno sto celebrando con voi il miracolo di chi realmente siamo. Che geniale che è l'Uno! Quello che avevo visto essere un problema—il sentirsi separati—si è rivelato essere la vera grande invenzione dell'Uno. Nel riconoscere questo, la mia resistenza al sentirmi separato si sta sciogliendo. Inizio ad accettare e poi a dare positivamente il benvenuto all'esperienza di essere separato. La maledizione del 'sé' e degli 'altri' si sta trasformando nella benedizione del 'sé' e degli 'altri'.

Capitolo 44

Conclusione

Siamo arrivati alla fine del seminario! È stato fantastico stare con tutti voi! È stato bellissimo mettere il vedere in prima posizione per tutto il giorno e un piacere condividere le diverse reazioni a questo Miracolo che noi siamo. Spero presto di vedervi e stare ancora con voi.

Ora vi rimetterò via nel Vuoto!

In seguito

Se siete interessati a saperne di più sulla Via Senza Testa riguardo ai suoi aspetti e alle sue applicazioni, il nostro sito web headless.org è una grande risorsa. Là, nella nostra libreria, troverete anche un elenco di libri.

Inoltre sul nostro sito web c'è un link con il nostro Canale Youtube dove sono presenti molti video.

Se siete interessati ad incontrare altre persone che stanno sperimentando il vivere da chi realmente sono, online abbiamo degli incontri video settimanali gratuiti—per persone che hanno fatto gli esperimenti e sono interessate ad esplorare questo percorso in compagnia di altri. Per ulteriori informazioni vogliate contattare Richard a mezzo mail: headexchange@gn.apc.org